基于FMLS模型的金融衍生产品定价研究

Jiyu FMLS Moxing de Jinrong Yansheng Chanpin Dingjia Yanjiu

范聪银 著

西南财经大学出版社
Southwestern University of Finance & Economics Press
中国·成都

图书在版编目(CIP)数据

基于 FMLS 模型的金融衍生产品定价研究/范聪银著 .—成都:西南财经大学出版社,2021. 9
ISBN 978-7-5504-5063-9

Ⅰ. ①基… Ⅱ. ①范… Ⅲ. ①金融衍生产品—定价—研究 Ⅳ. ①F830. 95

中国版本图书馆 CIP 数据核字(2021)第 188466 号

基于 FMLS 模型的金融衍生产品定价研究

范聪银 著

责任编辑:邓克虎
封面设计:杨红鹰 张姗姗
责任印制:朱曼丽

出版发行	西南财经大学出版社(四川省成都市光华村街 55 号)
网 址	http://cbs. swufe. edu. cn
电子邮件	bookcj@ swufe. edu. cn
邮政编码	610074
电 话	028-87353785
照 排	四川胜翔数码印务设计有限公司
印 刷	四川五洲彩印有限责任公司
成品尺寸	170mm×240mm
印 张	9. 25
字 数	155 千字
版 次	2021 年 9 月第 1 版
印 次	2021 年 9 月第 1 次印刷
书 号	ISBN 978-7-5504-5063-9
定 价	68. 00 元

前　言

当前，我国商业银行面临的内外部经济环境正在发生深刻变化，国内经济结构性矛盾较为突出。随着一系列市场化改革措施的推进，商业银行的经营管理和发展改革面临着巨大挑战。纵观历史，我国商业银行面临的环境与20世纪90年代西方发达国家商业银行有许多相似之处，那时的国外商业银行借助金融衍生产品的应用极大地促进了业务的转型，这为我国商业银行的转型和发展提供了有益的借鉴。金融衍生产品作为金融创新和发展的重要组成部分，同时也是商业银行发展的一个重要方向。金融衍生工具的发展必将对商业银行的经营和发展产生重要的影响，所以目前加强对金融衍生产品的研究和利用是我国商业银行改革与发展的重要课题之一。

金融衍生产品在现代金融市场中扮演着非常重要的角色，如何合理地对金融衍生产品定价变得越来越重要。在传统的资产定价理论框架中，主要是用几何布朗运动来描述标的资产价格的变化过程。然而随着行为金融学的兴起，越来越多的学者认识到用几何布朗运动来描述股票价格是不合适的。例如，股票价格的变化与来自几何布朗运动中的正态性假设是不一致的，并且几何布朗运动不能反映股票的记忆性。而有限距对数稳态过程（FMLS）不仅能反映股票收益的非正态性，还能刻画股票的记忆性，所以本书在该框架下对金融衍生产品的定价进行探讨。

本书在FMLS框架下研究欧式期权、欧式看涨向上敲出期权以及股票抵押合约。对于欧式期权，本书主要推导了定价公式、离散时间下的方差最优对冲策略、隐含波动率，并进行了相应的实证分析；对于欧式看涨向上敲出期权定价和股票抵押定价，本书主要是根据其特点建立定价数学模型并设定求解算法。

在求解FMLS框架下金融衍生产品定价模型的过程中，往往会遇到

Toeplitz系统，如果用高斯消元法（Gaussian Elimination）来处理该系统，不仅需要较大的存储空间，而且计算也非常复杂，特别是当 Toeplitz 矩阵的维度大于等于于 2^9 时，高斯消元法就需要花很长的时间才能得出结果，这并不利于 FMLS 模型在实际金融市场中的应用。所以，本书采用双共轭梯度稳定法和快速傅里叶变换来处理 Toeplitz 系统。

本书的撰写得到了许多人的帮助，在此对他们表示衷心的感谢。我要感谢我的博士研究生导师、西南财经大学经济数学学院向开理教授，是他把我带进了金融数学世界，并给予我教导和鼓励；感谢西南财经大学经济数学学院陈善镇教授，是他教会我如何处理 Toeplitz 系统，为我打开了计算数学世界的大门；感谢我的学生夏源礼、王银花、卢星羽和李书函，她们为本书的编写付出了辛勤的劳动。最后，我要感谢我的爱人李灵秀，她对我的关心、照顾及鼓励是我完成此书的根本保障。

本书的出版得到贵州省科技厅科技计划项目（黔科合基础〔2019〕1175）和贵州省教育厅青年科技人才成长项目（黔教合 KY 字〔2021〕276）的资助。

范聪银

2021 年 5 月

目　录

第一章　绪论

第一节　研究背景

在金融领域中，衍生产品扮演着越来越重要的角色。衍生产品是由某种基本的标的资产派生出来的产品，其标的变量往往是某种交易资产的价格。例如，股票期权是由股票派生出来的金融衍生产品。随着金融创新的发展，许多关于股权、利率、汇率等新的衍生产品出现在金融市场中。其他诸如保险衍生产品、气候衍生产品、信用衍生产品的交易也都非常活跃。金融衍生产品的出现，为金融市场中的投资者和交易者提供了投资的机会以及对冲风险的工具，金融衍生产品在风险转移的过程中也起着相当关键的作用。

如何选择合适的模型来描述和刻画标的金融资产的价格变化，如何找到更合理的定价方法，如何得到更加简洁、适用的定价公式，对金融衍生产品定价的研究是关键。在 1900 年，法国著名学者巴舍利耶（Bachelier）[1] 在他的博士论文《投资理论》中就已经用算术布朗运动来描述股票的动态演变过程，并对期权定价问题进行了相应的研究，然而他的研究在半个多世纪内没有产生什么影响。维纳（Wiener）在 1923 年给出了布朗运动严格的数学描述，后来被称为维纳过程。他还在维纳过程的基础上创立了随机分析的理论，并在 1951 年提出了随机微分方程的概念。后来，随机分析和随机微分方程的理论与方法被金融研究者用到了金融领域的研究中，随机金融理论得到快速发展。诺贝尔经济学奖得主、著名经济学家萨缪尔森（Samuelson）[2] 在 1965 年介绍了巴舍利耶的工作，巴舍利耶在金融研究领域的贡献开始被经济学家所知晓。在算术布朗运动的框架下，股票价格会出现小于零的情况，所以萨缪尔森提出用几何布朗运动代替算术布朗运动来描述股票价格的变动，并由此建立了经典的连续时间的随机金融数学模型。布莱克（Black）和斯科尔斯（Scholes）[3] 在 1973 年根据随机分析的理论用 lto 公式得到了欧式期权定价公式，也就是著名的 Black-Scholes 公式（简称 BS 公式或 BS 模型）。同年，默顿（Merton）在 Black 和 Scholes 的基础上建立了期权定价理论[4]。

自 BS 模型被提出以来，整个业界和学术界都为之轰动。在 BS 模型下，股票价格的对数收益被假设服从正态分布，然而实证研究发现这个假设不成立[5-10]，并且 BS 模型对于金融市场上的很多现象都无法做出合理的解释。首先，BS 模型不能反映期权波动率倾斜和波动率微笑的现象；其次，以欧式期权为例，由 BS 模型所得到的理论价格同真实的期权价格存在较大差异，且这个差异并非呈现出白噪声；最后，当市场受到冲击时，风险资产会发生“跳跃”，这一现象 BS 模型也是不能反映的。另外，在 BS 模型中有两个与当下的金融市场不相符的假设，即市场的有效性和市场参与者都是理性的。美国安然公司在 2001 年破产和 2008 年全球性的金融危机等就是打破这两个假说的最佳实例。所以我们不能一味地认为股票价格或者其他风险资产服从几何布朗运动。

为了能够让衍生产品功能在金融市场得到更大限度的发挥，本书在假设风险资产的风险中性价格的对数收益服从有限矩对数稳态过程[11]。该随机过程不仅能反映出股票对数收益的非正态性，而且还能刻画期权的隐含波动率非常数的性质，等等。该随机过程有一个尾部指数 $\alpha \in (1, 2]$，且 α 的值越小该随机过程的分布就越偏离几何布朗运动，当 $\alpha = 2$ 时，FMLS 就会退化成为几何布朗运动。同几何布朗运动一样，FMLS 也具备自相似或者稳态的特征，这个特征意味着该过程在每一个时间点上，分布曲线都具有相同的变化趋势和相同的尺度。另外，当尾部指数 $\alpha < 2$ 时，该过程在每一个时间点上分布会出现后尾现象，并且此时该随机过程会带有一定的记忆性，这点是 BS 模型所不具备的。

鉴于以上所述，为了进一步完善有限矩对数稳态过程下的金融衍生产品的定价理论，本书做了以下几个方面的研究工作：

（1）本书根据卷积定价原理推导出了有限矩对数下的欧式期权（看涨和看跌）的定价公式，并对公式的有效性进行了检验。在此基础上，给出该理论框架下欧式期权的最优风险对冲执行策略。另外，为了使本书的研究更具有说服力，我们利用真实的期权数据进行实证检验。

（2）在假定股票价格服从有限矩对数稳态过程框架的前提下，本书对具有有限到期日的股票抵押合同的定价问题进行研究。在该理论模型下，股票抵押定价数学模型是一个具有分数阶导数的自由边界问题，本书在模型的目标方程中引入了一个非线性的惩罚函数以消除自由边界，在此基础上建立相应的数值算法。在我们所建立的算法基础上，本书证明了股票合同的执行价值不小于合同的持有价值。

（3）本书在有限矩对数稳态过程的基础上，考虑欧式看涨向上敲出期权的定价问题。根据该期权合约的特征，建立相应的定价数学模型。为了得到模型的数值解，本书建立相应的数值格式并严格证明数值格式稳定性和收敛阶。

（4）在股票抵押合同有效期内贷方不具备处理股票的权利，而借方可以在合同有效期内的任何时刻选择执行合同，存在明显的风险不对称。特别地，当股票价格从合同生效日起就出现熊市，那贷方就会面临巨大亏损，所以为了保障贷方的利益，平衡借贷双方的风险，本书在原始合同中增加约束条件，即当股票的市场价格下跌至事先规定的某个水平时，合同就自动失效。从合约上看，增加约束条件的合同对于借贷双方都是有利的，这不仅增加了合约的市场流动性，同时还丰富了股票抵押合同的形式。

（5）事实上，当市场受到冲击时（例如金融危机等），由于连带作用，股票的价格就会发生较大幅度的变化，此时单纯的有限矩对数稳态过程是无法捕捉到这个现象，所以我们把跳扩散过程引入其中。在这个理论框架下，具有有限到期日的股票抵押合同价值的驱动方程是一个具有分数阶导数的微分-积分方程。本书也为求解该模型建立了有效的数值算法。

（6）在上述工作的基础上，本书把由于真实商业周期或其他重大变革所引起的市场机制改变引入股票价格的驱动模型。金融市场机制转移使得定价模型中的目标方程由多个方程耦合而成，本书为求解这个模型提出了新的办法，相对于现有的办法而言不仅减少了计算成本，还提升了计算精度。

第二节　研究意义

总的来说，本书在有限矩对数稳态过程的框架下，首先研究了欧式期权定价、对冲问题及股票抵押定价问题。对于欧式期权，本书用不同市场实际数据检验了模型捕捉风险、反映隐含波动率能力，同时还检验了方差最优对冲策略的优越性对于股票抵押定价的问题，以此来分析不同市场的特点，不仅具有理论意义，同时还具有一定的实际意义。其次，在研究欧式看涨向上敲出期权时，本书为求解该类模型建立了具有二阶精度的有限差分方法，并从理论上严格证明了该数值格式的稳定性和收敛阶，具有一定的理论意义。最后，在研究股票抵押定价的过程中，本书在多种不同的背景下证明了基于惩罚函数的有限差分方法对于求解股票抵押定价模型是有效的，这个结论可以拓展至求解其他美式金融衍生产品定价模型中去，具有一定的理论意义。

第三节　篇章结构

本书共九章，每章的主要内容如下：

第一章绪论。介绍了本书的研究背景、研究意义和篇章结构。

第二章文献综述。主要介绍 FMLS 框架下的期权定价研究现状以及股票抵押合同这类衍生产品研究的历史过程。

第三章是预备知识。这一章主要介绍本书中所涉及的基本数学知识，主要包括三个方面的内容：首先是 FMLS 随机过程的定义及相关性质；其次是 FMLS 框架下欧式未定权益价值所适合的驱动方程；最后是关于求解线性系统 $Ax = b$ 的快速算法。

第四章主要是基于 FMLS 模型推导欧式期权的定价公式、方差最优对冲策略以及相应的实证分析。首先，根据卷积定价原理推导出欧式看涨期权的表达式；其次，设立相应的数值实验对公式进行检验，并在此基础上推导离散时间情形下的方差最优对冲策略；最后，为了彰显理论研究的意义，本章选取来自不同金融市场的数据进行实证分析，主要包括对数股票价格的密度拟合、定价公式中风险参数的估计、模型样本内外的定价误差分析、期权的隐含波动率的提取以及对冲误差的对比。

第五章主要是在 FMLS 框架下研究具有有限到期日的股票抵押定价问题。在这个框架下，股票抵押价值的驱动方程是一个具有分数阶导数的偏微分方程。在求解本章数学模型的过程中，笔者证明了基于惩罚函数的有限差分方法对于求解具有分数导数的自由边界问题是有效的。在本章的最后，笔者用数值模拟结果对模型、数值算法进行了检验，同时还分析了模型中的基本参数对合同价值及最佳赎回价格的影响，并给出合理的解释。

第六章主要是在 FMLS 框架下考虑欧式看涨向上敲出期权的定价问题。在该框架下，该期权的定价模型是一个具有分数阶偏微分方程的边值问题，目前还无法求出该模型的解析解，所以本书为求解该模型建立了一个具有二阶精度的数值格式。另外，为了保证理论的完整性，本书严格地证明了数值格式的精度和稳定性。在本章最后，笔者用数值模拟对理论结果进行了检验，同时还分析了模型中重要参数对期权价格的影响，并从不同角度给出解析。

第七章主要是考虑到一些可能发生的经济活动现象会对合同中的贷方产生不利影响，进而对第五章中的基本合同进行修订。在原始的股票抵押合同中贷方不具有任何处理股票的权利，那么当股票市场价格太低借方就会放弃赎回股票，这样一来贷方就会遭受损失。为了防止这种情况的发生，笔者在原合同中增加了一个约束条件——当股票低于事先规定好的障碍水平时，合同就自动终止。在本章的参数分析中，笔者着重分析障碍水平对合同价值和最佳赎回边界的影响。

第八章是在 FMLS 框架下考虑跳扩散过程的股票抵押定价问题。负向的冲击会使股票的市场价格在较短的时间内发生较大的变化，所以在第八章中我们把跳扩散过程引入 FMLS 模型，在此基础上建立股票抵押合同定价的数学模型。虽然模型的求解过程沿用第五章中的思路，但由于跳扩散过程的引入增加了理论分析的难度，在本章最后，笔者着重进行了股票抵押合同最佳赎回价格对跳扩散系数敏感性分析。

第九章是在第八章的基础上将机制转移引入模型。在这种情况下，定价模型的驱动方程是由 d（d 表示市场状态的数量）个积分-分数阶导数的偏微分方程欧式而成，并且每个状态下都有一个自由边界。即便如此，笔者依然为这类模型建立了求解方法，并证明方法的有效性。

第二章　文献综述

本书主要的研究内容可以分为两个大板块：第一板块是 FMLS 框架下欧式期权的定价公式、方差最优对冲策略的推导及相应的实证分析；第二板块是股票抵押合同价值及合同最佳执行价格求解。为了使本书的逻辑结构更加清晰，笔者把本章也分成两部分，第一部分主要是介绍 FMLS 框架下的金融衍生产品定价研究，第二部分主要是股票抵押合同的研究情况。

第一节　金融衍生产品定价和股票抵押定价文献综述

一、FMLS 框架下的金融衍生产品定价研究情况

众所周知，在 BS 模型下，股票价格的对数收益被假设服从几何布朗运动，即股票的对数收益服从对数正态分布。但从股票发展的历史来看，这个假设并不合理。在不考虑金融危机冲击的情况下，即便是真实商业周期的交替出现也会打破股票对数收益服从对数正态分布这一假设。为此，在 2003 年 Carr 和吴 Wu[12] 两位学者首先将 FMLS 模型用来驱动股票的动态演变过程，该模型不仅能够反映股票的非对称收益的现象，而且还破出了股票价格无“记忆性”的屏障。

Cartea 和 Del-Castillo-Negret[13] 在 Carr 和 Wu 的基础上，根据无套利定价原理，利用傅里叶变换推导出了 FMLS 框架下的欧式期权价值所适合的方程，该方程是一个具有左侧分数阶导数的偏微分方程，这里要强调的是左侧分数阶导数恰好对于股票价格具有“记忆性”的现象。Carr 和 Wu 用具有二阶精度的差分格式求出相应衍生产品的价格。事实上，左分数阶导数的离散公式[12] 会导致在数值格式中存在一个 Toeplitz 矩阵，这个矩阵会增加计算成本，降低计算效率，这不利于 FMLS 模型在金融领域中的运

用。比如，学者陈雯[14-15]在研究 FMLS 框架下的美式期权时，虽然把模型转换为一个线性互补问题或者是通过引入非线性的惩罚函数来去除模型的自由边界条件，但最后都会面临求解一个复杂的系统，计算效率并不高。为此，后期出现一系列针对如何提高该类模型的计算效率研究成果。

幸运的是，Toeplitz 矩阵同向量的乘积可以转换为一个循环矩阵与向量的乘积，而循环矩阵与向量的乘积可以用快速傅里叶方法（FFT）和逆快速傅里叶方法（iFFT）来实现[16-17]。这样一来，不仅计算时间大大缩减，而且计算的储存空间也得到大幅度的减小。为此，张红梅[18-19]教授等用高效的数值迭代算法（FBi-CGSTAB）来求解 FMLS 框架下衍生产品定价数学模型，在他们的方法中就用了 FFT 和 iFFT 方法来处理 Toeplitz 矩阵同向量的乘积。张红梅教授等的研究成果表明，当空间网格节点的梳理大于 2^9 时，FBi-CGSTAB 方法相对于高斯-赛德尔迭代的优势就尤为明显。在最近的研究中[20]，他们把研究的领域拓展到了两维的情况，并由此提出了高效而精准的数值方法。

陈文婷教授在 FMLS 框架下对欧式期权和美式期权的定价进行研究[21-22]。首先，为了避免计算 Toeplitz 矩阵和向量的乘积，陈文婷教授用傅里叶积分变化和 FOX 函数得到了欧式看涨期权定价公式。其次，根据平价公式得到相应看跌期权的定价公式。虽然最终的公式是一个带有无穷积分的表达式，但至少在精度和计算效率上要比普通的数值算法都要好。最后，针对整数阶导数下的美式期权的定价模型（一维、二维）提出了一种高效有限差分数值格式，所以，为避免繁琐的计算过程，陈文婷教授利用有限元的方法求解了美式期权定价模型[23-24]。

二、股票抵押定价研究文献综述

股票贷款有助于持有大量股票头寸的投资者实现当前的各种目标。首先，股票抵押合同增加了甚至是创造了市场的流动性，同时也克服了大量抛售头寸的障碍，比如税收事件或对股票销售的控制限制。其次，股票抵押合同可以起到对冲市场低迷的作用。客户在初始时间收到贷款，如果在合同有效期股票价格下跌，投资者不用偿还贷款，只需舍弃头寸份额。因此，原股票头寸方的最大下行风险上限是股票的初始价格减去贷款本金。另外，在上述可控下行风险下，原股票头寸方的上行潜力无限。如果股价上涨，该多头方通过偿还本金和利息来保持头寸。最后，贷款的个人责任是有限的。目前市场上大部分存量贷款产品都没有追索权，也没有保证金要求。从这个角度来讲，把股票抵押合同理论化是非常有必要的。所以，在2007年夏建明等首先把股票抵押合同研究理论化[25]。为了方便起见，文献［25］中假设股票服从几何布朗运动，股票抵押合同的期限无限长，在这种情况下，定价模型类似于永久美式看涨期权的定价模型。作者用相应的数学方法求出了股票抵押合同的价值及合同的最佳执行价格。Dai 和 Xu 考虑抵押合同的期限是有限的情况[26]。在这种情况下，定价模型就类似于美式看涨期权的定价模型，因此，对于合同价值及最近赎回策略都无法得出解析表达式，为此笔者利用分析的方法对最佳赎回价格进行了检查。随后 Garasselli 等更是将具有有限到期日的股票定价模型转换为一个变分不等式，然后用经典的投影互补松弛迭代方法得到模型的近似解[27]。

正如前文所述，投资者只有在期初付出一定的手续费后，在后面合同的有效期内才具有随时随地根据市场情况选择是否赎回股票的权利，而不具有任何义务。从某个层面上来说，这对于金融机构是不公平的。所以许多对 Dai 和 Xu 的研究假设进行了更改。比如，Liang 等[28]提出在原始的合约中增加自动终止条款、限额以及保证金。对于投资者来说，增加约束条件以后，相应的手续费也会变小；而对于机构来说，增加约束条件能避免遭受更大的损失，所以约束条件的增加对合同双方都是有利的。卢小萍等[29]认为具有无限到期的抵押合同对于金融机构来说不公平，并且在合同中应该制定保证金制度，所以笔者以此为契机在 BS 模型下建立考虑了具有有限到期日和具有保证金的股票抵押合约。根据 Zhu 的研究结果[30]，笔者在 Laplace 空间中求出了模型的近似解析解，最后通过相应的数值反演就可得到实空间中的解。周威[31]在前人的基础上增加了一个约束条件：当股票价格下降至某个事先规定的水平时合同自动终止，贷方有权处理股票，而这时对于借方来说将一文不值。另外，用的 Rendleman-Bartter 模型来驱动无风险利率的动态过程[32]，这点并不符合无风险利率具有回复的性质，因为 Rendleman-Bartter 模型实际上是一个几何布朗运动，所以为了能反映无风险利率的回复性质，周威用 Cox-Ingersoll-Ross[11]模型来驱动无风险利率。事实上，上面所列举的文献都从对股票抵押合同本身出发，对合同本身的约定条件进行改变，没有考虑标的资产驱动形式。接下来，笔者将从改变股票驱动方程的角度来梳理研究的现状。

当股票市场受到负向冲击时，其价格会在较短的时间内出现大幅度下降，而这一现象是BS模型无法捕捉的。Cai和Sun[33]超指数跳的过程[34]引入了BS模型中，以此来研究具有有限到期日和无限到期日的股票抵押合同，并且利用最优停止的方法得到最终的解。在BS模型中，股票对数收益的波动率是一个常数，但真实的数据显示，金融衍生产品的隐含波动率是随价值状态的改变而发生变化的，所以Wong等[35]考虑把BS模型中的波动率假定为一个新的随机过程。为了得到模型的解，同时还要考虑到股票抵押价值独有的“光滑通过（smooth-pasting）”条件，他们提出了一种新的渐进展式来求解模型。另外，为了能够体现整个金融市场随机性，Zhang和Zhou[36]把机制转化（regime-switching）引入了股票抵押定价模型。因为具有无限到期日的股票抵押合同的定价模型类似于永久美式期权的定价模型，所以根据永久美式期权定价数学模型的求解方法，他们着重研究了具有无限到期日的抵押合同。

在文献［37］中，作者则是直接用完全区别于几何布朗运动的随机微分方程来驱动股票的价格，在该篇文献中股票被假设服从指数列维过程。文献证明了具有无限到期日的股票抵押合同的价格适合一个含有积分项的常微分方程。文献中所得到的解析定价公式不仅适合红利率的股票抵押合同的价值，还适合永久美式期权价值。作者在这篇文献中所提出来的方法与文献［25］所用的纯概率方法是截然不同的，而且他们的方法还可以扩展到更一般的模型中去，具有非常高的理论价值。也正因为如此，Liang等[38]也利用了这种方法来求解具有上限的股票抵押定价数学模型。

Pascucci等[39]考虑股票的累积分红要返回给借方的情况。这类股票抵押合同的定价模型也是无法得到解析解的，所以其提出了一个数值方法去逼近解析解。在数值离散中，Pascucci等用特征线法去离散时间方向的导数和一阶的空间方向的导数；另外，基于这个离散方式，作者还从理论上证明了在赎回区域上的所有有关股票抵押价值的特征和最佳执行边界的性质。Chen[22]不仅研究了无限到期日的股票抵押合同，还研究了股票抵押定价问题。考虑到真实的股票价格会发生跳跃的情况，所以他用超指数跳扩散模型[34]来刻画股票发生跳跃的情形。因为在这种情况下，定价模型是一个自由边界问题并且还具有跳扩散项，所以根本无法得到解析解。为此作者根据文献［33，40］中提出来的求解自由边界问题的方法来对文献中的定价模型进行求解。

一般情况下，具有有限到期日的股票抵押合同的期限最长可到十年。

那么在如此长的时间内，无风险利率是不可能固定不变的，即便是在封闭性的国家，其银行利率也是会出现变动的。因此，如果把无风险利率假设成一个固定值与实际情况会存在偏差，为此诸松平教授等[32]用Rendleman-Bartter 模型[41-42]来刻画无风险利率的动态演变过程。另外，由于无风险利率是一个平稳过程（没有长期增长趋势），作者把 Rendleman-Bartter 模型中漂移项假设为零。在这种情况下，股票抵押的定价模型是一个二维的偏微分方程的自由边界问题，因此作者在文献［23-24］的基础上对模型建立了一种基于交替隐格式预测校正数值方法。

第三节　本章小结

本章笔者主要是对 FMLS 框架下的金融衍生产品定价研究情况进行梳理。从现有的文献可以得出，目前在该框架下主要是针对标准的欧式期权、美式期权定价问题，大多数都是从数值计算的角度去探究问题，几乎没有考虑用实际数据对模型进行检验，而且对于期权的对冲问题就更没有提及，这也是笔者撰写本书的动力源泉之一。在股票抵押定价研究现状的梳理中发现，在现存的文献中没有在 FMLS 模型下考虑股票抵押定价问题，笔者也将对此展开研究，以达到理解股票抵押定价理论的目的。

第三章　数学预备知识

为了使本书的知识体系更加完整，在陈述研究成果之前先给出一些必要的基础知识。

因为在有限矩对数稳态过程的模型中会涉及 α 稳态随机变量，所以本书首先简单介绍一下有关 α 稳态随机变量的定义及其一些重要的性质，并由此引申出基于 FMLS 模型的标准欧式期权价格所适合的偏微分方程。

第一节　α 稳态过程及其性质

在这部分提及的性质和定理，本书并不给出详细的证明过程，而是只给出相应的参考文献。

定义 3.1　如果随机变量 X 拥有下面的特征函数[43]

$$\Phi_X(\theta) = E[\exp(i\theta X)]$$
$$= \begin{cases} \exp\left\{-\sigma^{\alpha}\ |\theta|^{\alpha}\left[1 - i\beta(\mathrm{sign}\theta)\tan\left(\dfrac{\pi\alpha}{2}\right)\right] + i\mu\theta\right\}, & \alpha \neq 1, \\ \exp\left\{-\sigma|\theta|\left[1 + i\beta\dfrac{2}{\pi}(\mathrm{sign}\theta)\ln|\theta|\right] + i\mu\theta\right\}, & \alpha = 1. \end{cases} \tag{3.1}$$

其中参数 α 是稳定度指数

$$\mathrm{sign}\theta = \begin{cases} 1, & \theta > 0, \\ 0, & \theta = 0, \\ -1, & \theta < 0. \end{cases}$$

参数 $\alpha \in (0,\ 2]$，$\sigma \in (0,\ \infty)$，$\beta \in [-1,\ 1]$ 以及 $\mu \in R$，并且参数 σ、β 和 μ 是唯一确定的；那么称随机变量 X 服从一个 α 稳态分布，记 $X \sim L_{\alpha}(\mu,\ \sigma,\ \beta)$。且当 $\mu=0,\sigma=1$ 时，称随机变量 X 为标准的 α 稳态随

机变量。

由（3.1）式可知，当 $\alpha=2$ 时

$$E[\exp(i\theta X)]=\exp(-\sigma^2\theta^2+i\mu\theta).$$

由此可以看出，在这种情况下随机变量 X 的分布特征是独立于参数 β 的。另外，还可以发现在这种情况下随机变量 X 就退化成一个以 μ 为均值，$2\sigma^2$ 为方差的正态随机变量，即 $L_2(\mu, \sigma, \beta)\overset{d}{=}N(\mu, 2\sigma^2)$ 。而当 $\alpha=1$，$\beta=0$ 时，α 稳态分布就会退化成一个柯西分布。

这里需要强调的是，在一个 α 稳态随机变量中 $X\sim L_\alpha(\mu, \sigma, \beta)$ ，参数 μ 并不表示随机变量 X 的均值，σ 也并不是随机变量的标准差，但是这两个参数的作用与均值和标准差的作用是相类似的。通常情况下，μ 称为随机变量 X 的局部参数（local parameter）；σ 称为随机变量 X 的尺度参数（scale parameter）；α 称为随机变量 X 的尾部指数，有时也称为特征指数，并且 α 主要描绘的是该随机变量尾部的分布情况；参数 β 称为随机变量 X 的偏度，它决定了随机变量分布的偏度，并且当 $\beta>0$ 时，分布是右偏的，当 $\beta<0$ 时，分布是左偏的。但是在 $\alpha=2$ 的时候，参数 β 的改变不会对 α 稳态随机变量的分布产生影响，这一点从 α 稳态随机变量的特征函数表达式（3.1）式可以发现。接下来，本书将陈述几个关于 α 稳态随机变量的性质[43]。

性质 3.1 如果随机变量 X 服从一个 α 稳态分布，即 $X\sim L_\alpha(\mu, \sigma, \beta)$ ，那么对于任意的一个实数 a 有

$$X+a\sim L_\alpha(\mu+a, \sigma, \beta). \tag{3.2}$$

性质 3.2 如果随机变量 X 服从一个 α 稳态分布，即 $X\sim L_\alpha(\mu, \sigma, \beta)$ ，那么对于任何非零实数 a 有

$$aX\sim L_\alpha[a\mu, |a|\sigma, \mathrm{sign}(a)\beta], \alpha\neq 1. \tag{3.3}$$

$$aX\sim L_\alpha[a\mu-2a\sigma\beta\ln|a|/\pi, |a|\sigma, \mathrm{sign}(a)\beta], \alpha\neq 1. \tag{3.4}$$

性质 3.3 如果随机变量 X 服从一个 α 稳态分布，即 $X\sim L_\alpha(\mu, \sigma, \beta)$ ，那么对于任意的 $\alpha\in(1, 2)$ ，当参数 $\mu=0$ 时，存在下面的等价关系：

$$X\sim L_\alpha(0, \sigma, \beta)\Leftrightarrow -X\sim L_\alpha(0, \sigma, -\beta) \tag{3.5}$$

性质 3.4 对于一个 α 稳态的随机变量 $X\sim L_\alpha(\mu, \sigma, \beta)$ ，当尾部指数 $\alpha<2$，随机变量的分布会出现后尾的现象，并且后尾概率表现为 $\lambda^{-\alpha}$ ：

$$\lim_{\lambda\to\infty}\lambda^{\alpha}P(X>\lambda)=C_{\alpha}\frac{1+\beta}{2}\sigma^{\alpha},\ \lim_{\lambda\to\infty}\lambda^{\alpha}P(X<-\lambda)=C_{\alpha}\frac{1-\beta}{2}\sigma^{\alpha}. \tag{3.6}$$

其中，C_{α} 是一个常数。当 $\beta=-1$ 时，随机变量 X 的右尾是薄尾且右尾的递减速度大于 $\lambda^{-\alpha}$ 。

性质3.5 当参数 β 不等于-1 时，α 稳态的随机变量 $X\sim L_{\alpha}(\mu,\sigma,\beta)$ 的双侧 Laplace 变换是无穷的。当 $\beta=1$ 时，随机变量 X 的 Laplace 变换为

$$L_X(\lambda)\equiv E[e^{-\lambda X}]=\exp\left(-\lambda\theta-\lambda^{\alpha}\sigma^{\alpha}\sec\frac{\alpha\pi}{2}\right). \tag{3.7}$$

性质3.6 对于一个 α 稳态随机变量 $X\sim L_{\alpha}(\mu,\sigma,\beta)$ ，当尾部指数 $\alpha<2$ 时，对于任意的实数 $p<\alpha$ ，$E|X|^{p}<\infty$ ；并且对于任意的 $p>\alpha$ ，$E|X|^{p}=\infty$ 。

事实上，α 稳态随机变量通常是直接由特征函数给出定义的，如定义3.1。因为正态分布的尾部是呈指数衰减的，而 α 稳态分布的尾部是呈幂指数衰减的，所以相对于正态分布来说，α 稳态分布是一个厚尾分布。性质3.6说明了 α 稳态随机变量不存在高阶矩，它的最高阶矩的阶数不会超过 α 。

为了能够直观地了解 α 稳态随机变量的分布特征，那么就必须得出 α 稳态随机变量的密度函数和分布函数。正如前文所述，α 稳态随机变量的定义一般是由特征函数给出的，而对于该随机变量的密度函数和特征函数是找不到解析表达式的，只能通过相应的数值方法求得。由于任何随机变量的密度函数可以由特征函数经过 Fourier 变换后得到，而分布函数可通过密度函数积分求得，即

$$f(x)=\frac{1}{2\pi}\int_{-\infty}^{\infty}e^{-izx}\,\Phi_X(z)\,\mathrm{d}z.$$

其中，$\Phi_X(z)$ 表示随机变量 X 的特征函数，$f(x)$ 表示随机变量的密度函数。另外，对密度函数 $f(x)$ 求积分就可以得到随机变量的分布函数 $F(x)$ ，即

$$F(x)=\int_{-\infty}^{x}f(\theta)\,\mathrm{d}\theta.$$

那么，根据这个关系式 Nolan[44] 给出了 α 稳态随机变量的密度函数和分布函数的计算方法。计算过程如下：

设随机变量 X 是一个标准 α 稳态随机变量，即 $X\sim L_{\alpha}(0,1,\beta)$ 。由

（3.1）式可知其特征函数为

$$\Phi_X(\theta) = E[\exp(i\theta X)]$$

$$= \begin{cases} \exp\left\{|\theta|^{\alpha}\left[1 + i\beta(\mathrm{sign}\theta)\tan\left(\frac{\pi\alpha}{2}\right)(|\theta|^{1-\alpha} - 1)\right]\right\}, & \alpha \neq 1, \\ \exp\left\{-|\theta|\left[1 + i\beta\frac{2}{\pi}(\mathrm{sign}\theta)\ln|\theta|\right]\right\}, & \alpha = 1. \end{cases} \tag{3.8}$$

若定义

$$\zeta = \zeta(\alpha, \beta) = \begin{cases} -\beta\tan\frac{\pi\alpha}{2}, & \alpha \neq 1, \\ 0, & \alpha = 1, \end{cases}$$

$$\theta_0 = \theta_0(\alpha, \beta) = \begin{cases} \frac{1}{\alpha}\arctan\left(\beta\tan\frac{\pi\alpha}{2}\right), & \alpha \neq 1, \\ \frac{\pi}{2}, & \alpha = 1, \end{cases}$$

$$c_1 = \begin{cases} 1/\pi(0.5\pi - \theta_0), & \alpha < 1, \\ 0, & \alpha = 1, \\ 1, & \alpha > 1, \end{cases}$$

$$V(t;\ \alpha, \beta) = \begin{cases} (\cos\alpha\theta_0)^{1/(\alpha-1)}\left(\frac{\cos\theta}{\sin\alpha(\theta_0 + t)}\right)^{\alpha/(\alpha-1)}\frac{\cos[\alpha\theta_0 + (\alpha - 1)\theta]}{\cos\theta}, & \alpha \neq 1, \\ \frac{2}{\pi}\left(\frac{0.5\pi + \beta t}{\cos t}\right)\exp\left[\frac{1}{\beta}\left(\frac{2}{\pi} + \beta t\right)\tan t\right], & \alpha = 1,\ \beta \neq 0. \end{cases} \tag{3.9}$$

那么，随机变量 X 的密度函数 $f(x)$ 和分布函数 $F(x)$ 可以表示为下面的形式：

（1）当 $\alpha \neq 1$ 且 $x > \zeta$ 时

$$f(x) = \frac{\alpha(x - \zeta)^{1/(\alpha-1)}}{\pi|\alpha - 1|}\int_{-\theta_0}^{\pi/2} V(t;\ \alpha, \beta)\exp[-(-x - \zeta)^{\alpha/(\alpha-1)}V(t;\ \alpha, \beta)]\,\mathrm{d}t. \tag{3.10}$$

$$F(x) =$$

$$c_1(\alpha,\ \beta) + \frac{\mathrm{sign}(1-\alpha)}{\pi}\int_{-\theta_0}^{\pi/2} \exp[-(-x-\zeta)^{\alpha/(\alpha-1)}V(t;\ \alpha,\ \beta)]\,\mathrm{d}t.$$

(3.11)

（2）当 $\alpha \neq 1$ 且 $x = \zeta$ 时

$$f(x) = \frac{\Gamma(1+\frac{1}{\alpha})\cos(\theta_0)}{\pi(1+\zeta^2)^{1/(2\alpha)}}. \tag{3.12}$$

$$F(x) = \frac{1}{\pi}\left(\frac{\pi}{2} - \theta_0\right). \tag{3.13}$$

（3）当 $\alpha \neq 1$ 且 $x < \zeta$ 时

$f(x) =$

$$\frac{\alpha(-x-\zeta)^{1/(\alpha-1)}}{\pi|\alpha-1|}\int_{-\theta_0}^{\pi/2} V(t;\ \alpha,\ -\beta)\exp[-(-x-\zeta)^{\alpha/(\alpha-1)}V(t;\ \alpha,\ -\beta)]\,\mathrm{d}t.$$

(3.14)

$F(x) =$

$$1 - c_1(\alpha,\ \beta) - \frac{\mathrm{sign}(1-\alpha)}{\pi}\int_{-\theta_0}^{\pi/2} \exp[-(-x-\zeta)^{\alpha/(\alpha-1)}V(t;\ \alpha,\ -\beta)]\,\mathrm{d}t.$$

(3.15)

（4）当 $\alpha = 1$ 时

$f(x) =$

$$\begin{cases} \dfrac{1}{2|\beta|}\exp\left(-\dfrac{\pi x}{2\beta}\right)\displaystyle\int_{-\theta_0}^{\pi/2} V(t;\ 1,\ \beta)\exp[-e^{-\pi x/(2\beta)}V(t;\ 1,\ \beta)]\,\mathrm{d}t, & \beta \neq 0, \\ \dfrac{1}{\pi}\dfrac{1}{1+x^2}, & \beta \neq 0. \end{cases}$$

(3.16)

$F(x) =$

$$\begin{cases} \dfrac{1}{\pi}\displaystyle\int_{-\pi/2}^{\pi/2} \exp[-e^{-\pi x/(2\beta)}V(t;\ 1,\ \beta)]\,\mathrm{d}t, & \beta > 0, \\ \dfrac{1}{2} + \dfrac{1}{\pi}\arctan x, & \beta = 0, \\ 1 - c_1(\alpha,\ -\beta) - \dfrac{\mathrm{sign}(1-\alpha)}{\pi}\displaystyle\int_{-\theta_0}^{\pi/2} \exp[-(x-\zeta)^{\alpha/(\alpha-1)}V(t;\ \alpha,\ -\beta)]\,\mathrm{d}t, & \beta < 0. \end{cases}$$

(3.17)

而对于非标准的 α 稳态随机变量 $X_0 \sim L_\alpha(\mu,\ \sigma,\ \beta)$ 的分布信息可以通

过 α 稳态随机变量的性质 3.1 和性质 3.2 得到，即

$$X_0 \overset{d}{=} \sigma X + \mu.$$

为了能够直观地观察 α 稳态随机变量分布情况，根据上面给出的算法本书绘制了 α 稳态随机变量的密度函数和分布函数的图像，如图 3-1、图 3-2 所示。

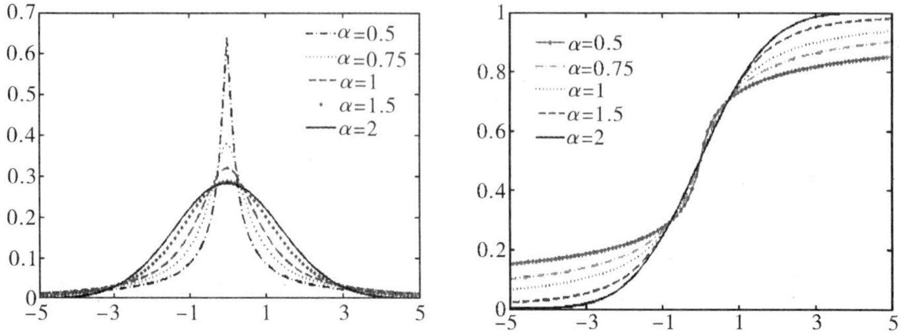

(a) 密度函数图像　　(b) 分布函数图像

注：$\beta = 1$，$\mu = 0$，$\sigma = 0$

图 3-1　不同 α 下的密度函数和分布函数图像

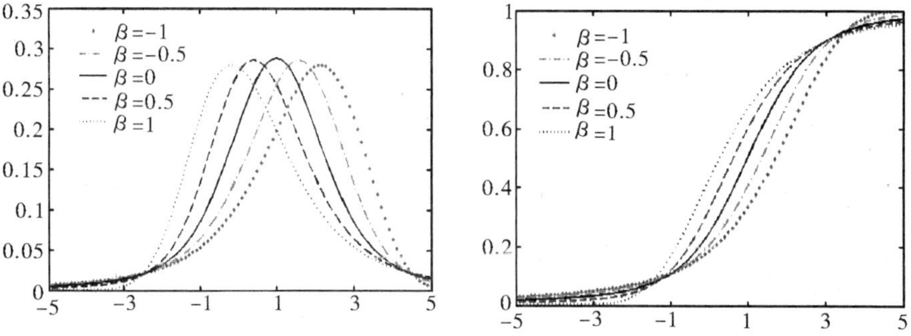

(a) 密度函数图像　　(b) 分布函数图像

注：$\alpha = 1.5$，$\mu = 1$，$\sigma = 1$

图 3-2　不同 β 下的密度函数和分布函数图像

从图 3-1（a）和图 3-1（b）可以看出，尾部指数 α 决定了 α 稳态随机变量的尾部分布特征。随着 α 值的增大，密度函数和分布函数的尾部会越厚；而且当 $\alpha=2$ 时，密度函数和分布函数的后尾现象都会消失，因为这时 α 稳态随机变量会退化成正态的随机变量。另外，从图 3-2（a）和图 3-2（b）中可以发现，当偏度参数 $\beta > 0$ 时，α 稳态随机变量的密度函数

和分布函数会呈现右偏的现象；当 $\beta < 0$ 时，α 稳态随机变量的密度函数和分布函数会呈现左偏的现象。

在本书的第四章中将用到蒙特卡罗[45]（Monte Carlo）方法来对 FMLS 框架下的欧式期权的定价公式进行验证，那么自然就会涉及 α 稳态随机变量生成问题，所以在此陈述文献［46-47］中所提出的 α 稳态随机变量生成算法。

假设 Y 是一个标准的 α 稳态随机变量，即 $Y \sim L_\alpha(0, 1, \beta)$，那么随机变量 Y 可由下面的步骤来生成：

（1）生成一个在 $(-\pi/2, \pi/2)$ 上的服从均匀分布的随机变量 V 和一个服从以均值为 1 的指数分布的随机变量 W。

（2）当 $\alpha \neq 1$ 时：

$$Y = S_{\alpha,\beta} \times \frac{\sin[a(V + B_{\alpha,\beta})]}{(\cos V)^{1/\alpha}} \times \left\{\frac{\cos[V - a(V + B_{\alpha,\beta})]}{W}\right\}^{(1-\alpha)/\alpha},$$

其中

$$B_{\alpha,\beta} = \frac{\arctan[\beta \tan(\pi\alpha/2)]}{\alpha}, \quad S_{\alpha,\beta} = \left[1 + \beta^2 \tan^2\left(\frac{\pi}{2}\right)\right]^{1/(2\alpha)}.$$

当 $\alpha = 1$ 时：

$$Y = \frac{\pi}{2}\left[\left(\frac{\pi}{2} + \beta V\right)\tan V - \beta \log \frac{0.5\pi W \cos(V)}{0.5\pi + \beta V}\right],$$

那么对于一般的 α 稳态随机变量 $X \sim L_\alpha(\mu, \sigma, \beta)$ 可以由下面的算法生成

$$X = \begin{cases} \sigma Y + \mu, & \alpha \neq 1, \\ \sigma Y + \dfrac{2}{\pi}\beta\sigma\log\sigma + \mu, & \alpha = 1. \end{cases}$$

第二节　FMLS 模型及 FMLS 模型下的期权定价理论

2003 年，Carr 和 Wu 两位学者首次将 FMLS 模型引入期权定价理论。这两位学者引入这个模型的最初原因有两个：第一，在经典的 BS 模型中股票对数收益的波动是常数，但从市场中提取出来的数据表明波动率并不是一个常数，换句话说，经典的 BS 模型是无法对隐含波动曲线做出解释的。第二，由几何布朗运动驱动的股票价格是没有跳跃现象的。也就是

说，BS 模型无法捕捉股票发生跳跃的现象。因此，为了更可能地接近真实情况，Carr 和 Wu 用 FMLS 模型来驱动股票的价格过程，在风险中性概率环境中，标的资产价格 S_t 适合下面的随机微分方程

$$\mathrm{d}S_t=(r-D)S_t\mathrm{d}t+\sigma S_t\mathrm{d}L_t^{\alpha,-1} \tag{3.18}$$

其中 r 和 D 分别表示无风险利率和股票的连续红利率；σ 是一个大于零的参数；$\mathrm{d}L_t^{\alpha,-1}$ 是一个 α 稳态随机变量，并且 $\mathrm{d}L_t^{\alpha,-1}\sim L_\alpha(0,\mathrm{d}t^{1/\alpha},-1)$。

另外，Carr 和 Wu 还给出了 S_T 的指数形式

$$S_T=S_t\exp[(r-D)\tau]\exp(-\nu\tau+\sigma L_\tau^{\alpha,-1}) \tag{3.19}$$

其中 $\tau=T-t$，ν 是一个凸性调整，并且 ν 使得以上式子中最后一项的期望在风险中性测度下满足鞅的条件

$$\tilde{E}_t[\exp(-\nu\tau+\sigma L_\tau^{\alpha,-1})]=1,$$

根据 $\sigma L_\tau^{\alpha,-1}$ 的性质 3.3 和性质 3.5，可以得到

$$\tilde{E}_t[e^{\sigma L_\tau^{\alpha,-1}}]=\tilde{E}_t[e^{-\sigma L_\tau^{\alpha,1}}]=\exp[-\tau\sigma^\alpha\sec(\pi\alpha/2)],$$

所以得到 $\nu=-\sigma^\alpha\sec\dfrac{\alpha\pi}{2}$。

那么由（3.19）式可以得到股票价格的对数收益形式为

$$x_\tau\equiv\ln(S_T/S_t)=(r-D-\nu)\tau+\sigma L_\tau^{\alpha,-1} \tag{3.20}$$

由此可知，x_τ 是一个 α 稳态随机变量，并且它的局部参数值为 $(r-D-\nu)\tau$，尺度参数为 $\sigma\tau^{1/\alpha}$，尾部指数为 α，偏度为 -1；并且根据性质 3.6 可知，x_τ 的任何高阶矩都不存在，它最高阶矩的阶数不会超过 α。事实上，经过实证研究表明[48]，当用假设股票的对数收益服从 α 稳态分布时，尾部指数 α 的值是不会小于 1 的。所以在 $\alpha\in(1,2]$ 以及 $\beta=-1$ 的情况下，α 稳态随机变量 X 的特征函数（3.1）式可以表示为[13]，

$$\Phi_X(\omega)=\exp\left[i\omega\mu-(i\omega\sigma)^\alpha\sec\frac{\alpha\pi}{2}\right] \tag{3.21}$$

那么，根据性质 3.1 和性质 3.2 可以得到（3.20）式中股票价格对数收益 x_τ 的特征函数

$$\begin{aligned}\Phi_{FMLS}(\omega;t,T)&=\tilde{E}\{\exp[i\omega\ln(S_T/S_t)]\}\\&=\exp\left[i\omega(r-D-\nu)\tau-(i\omega\sigma)^\alpha\tau\sec\frac{\alpha\pi}{2}\right]\end{aligned} \tag{3.22}$$

Carr 和 Wu 提到可以利用 Fourier 变换[49]的方法求出 FMLS 框架下的欧

式期权的定价公式。另外，这两位学者还模拟出了 FMLS 框架下的欧式看涨期权的隐含波动率。根据他们的实证结果可以看出，FMLS 模型能够解释隐含波动率曲线。但是这两位学者并没有推导出 FMLS 框架下标准的欧式期权价格和美式期权价格所适合的偏微分方程。为此，在 Carr 和 Wu 的基础上，Cartea[13]利用傅里叶变换的方法给出了 FMLS 框架下欧式期权价格所适合的偏微分方程。其具体的推导过程如下：

设 $\Pi(x_T,\ T)$ 为欧式期权的支付函数，那么根据风险中性定价原理可知，欧式期权在 t 时刻的价格 $V(x,\ t)$ 满足下面的式子

$$V(x,\ t)=e^{-r(T-t)}\widetilde{E}[\Pi(x_T,\ T)]\ ,$$

假设支付函数 $\Pi(x_T,\ T)$ 在带状区域 $a<\xi_i<b$ 内存在复杂的 Fourier 变换，即

$$F[\Pi(x_T,\ T)]\equiv\widehat{\Pi}(\xi_i,\ T)=\int_{-\infty+i\xi_i}^{\infty+i\xi_i}\exp(i\,x_T\,\xi_i)\Pi(x_T,\ T)\,\mathrm{d}\,x_T,$$

其中，$\xi_i=\mathrm{Im}\xi$ 表示复数 ξ 的虚部。那么，欧式期权在 t 时刻的价值 $V(x,\ t)$ 可以表示为

$$V(x,\ t)=\frac{e^{-r(T-t)}}{2\pi}\widetilde{E}_t\left[\int_{-\infty+i\xi}^{\infty+i\xi}e^{-i\xi x_T}\Pi(\xi,\ T)\,\mathrm{d}\xi\right].\tag{3.23}$$

根据文献［50］的结论，（3.23）式中的积分算子和期望算子是可以交换的，于是

$$\begin{aligned}V(x,\ t)&=\frac{e^{-r(T-t)}}{2\pi}\int_{-\infty+i\xi_i}^{\infty+i\xi_i}\widetilde{E}_t[e^{-i\xi x_T}]\,\widehat{\Pi}(\xi,\ T)\,\mathrm{d}\xi\\&=\frac{e^{-r(T-t)}}{2\pi}\int_{-\infty+i\xi_i}^{\infty+i\xi_i}e^{-i\xi x_t-i\xi\nu}\,e^{(T-t)\Psi(-\xi)}\,\widehat{\Pi}(\xi,\ T)\,\mathrm{d}\xi\end{aligned}\tag{3.24}$$

其中，$e^{(T-t)\Psi(-\xi)}$ 是随机变量 $\sigma\mathrm{d}\,L_t^{\alpha,\ -1}$ 的特征函数。因为函数 $e^{(T-t)\Psi(-\xi)}$ 在任何一个带状区域内都是解析的，所以函数 $e^{(T-t)\Psi(-\xi)}$ 存在复杂 Fourier 变换，这也表明前面所做的假设是成立的。那么由（3.24）式可得

$$\begin{aligned}&\frac{1}{2\pi}\int_{-\infty+i\xi_i}^{\infty+i\xi_i}e^{-i\xi x_t}\,\widehat{V}(\xi,\ t)\,\mathrm{d}\xi\\=&\frac{e^{-r(T-t)}}{2\pi}\int_{-\infty+i\xi_i}^{\infty+i\xi_i}e^{-i\xi x_t-i\xi\nu(T-t)}\,e^{(T-t)\Psi(-\xi)}\,\widehat{\Pi}(\xi,\ T)\,\mathrm{d}\xi\end{aligned}\tag{3.25}$$

在（3.25）式两边取 Fourier 变换，可得

$$\widehat{V}(\xi,\ t) = e^{-r(T-t)}\ e^{-i\xi\nu(T-t)}\ e^{(T-t)\Psi(-\xi)}\ \widehat{\Pi}(\xi,\ T),$$

经过化简整理后得

$$\ln[\widehat{V}(\xi,\ t)/\widehat{\Pi}(\xi,\ T)] = -r(T-t) - i\xi\nu(T-t) + (T-t)\Psi(-\xi). \tag{3.26}$$

在（3.26）式两边关于时间 t 求偏导，可得下面关于时间 t 的常微分方程

$$\frac{\partial \widehat{V}(\xi,\ t)}{\partial t} = [r + i\xi\nu - \Psi(-\xi)]\ \widehat{V}(\xi,\ t) \tag{3.27}$$

并且边界条件为 $\widehat{V}(\xi,\ T) = \widehat{\Pi}(\xi,\ T)$ 。根据 Fourier 变换与分数阶导数的关系[51]

$$F[{}_{-\infty}D_x^{\alpha}V(x,\ t)] = (-i\xi)^{\alpha}\ \widehat{V}(\xi,\ t)$$

其中分数阶导数是左 Riemann-Liouville 分数阶导数[31]，其定义如下

$$\nu_{-\infty}\ D_x^{\alpha}f(x) = \frac{1}{\Gamma(n-\alpha)}\frac{\mathrm{d}^n}{\mathrm{d}\,x^n}\int_{-\infty}^{x}\frac{f(z)}{(x-z)^{\alpha-n+1}}\mathrm{d}z \tag{3.28}$$

其中，n 是一个正整数，且 $n - 1 \leqslant \alpha < n$ 。于是在（3.27）式两边取 Fourier 逆变换可得下面的分数阶偏微分方程

$$\frac{\partial V}{\partial t} + (r - D - \nu)\frac{\partial V}{\partial x} + \nu_{-\infty}\ D_x^{\alpha}V - rV = 0 \tag{3.29}$$

方程（3.29）式就是 FMLS 框架下欧式期权价格所适合的偏微分方程。根据方程（3.29）式的推导过程，不难发现 FMLS 框架下的美式期权（看涨、看跌）价格也适合方程（3.29）式。

在分数阶偏微分方程（3.29）式推导出来之前，关于 FMLS 框架下的金融衍生产品的研究始终都受到限制。例如，在此之前对欧式期权、美式期权以及股票抵押定价的研究很少，只有极少数的学术论文对标准的欧式期权的定价进行过研究。虽然数值方法不是求解金融衍生产品定价模型的唯一方法，但却是一种非常便捷的方法。所以在方程（3.29）式问世以前，几乎没有文献研究过 FMLS 框架下的金融衍生产品的定价问题。但自从方程（3.29）式被推导出来以后，越来越多的学者着手研究 FMLS 框架下的各式各样的金融衍生产品的定价问题，而且研究数值算法的学者也因此找到一些新的研究课题。更重要的是，Cartea 推导方程（3.29）式的思想可以直接用于推导 CGMY 和 KoBoL 框架下的欧式期权定价的偏微分

方程。

经典的 BS 模型的推导主要是利用对冲原理推导出来的，而 FMLS 框架下的定价方程则是用 Fourier 变换方法得到的。作为期权定价乃至金融衍生产品定价理论的基石，BS 模型不仅仅只因为其高效，还因为该模型十分简洁且易于掌握，不过由于假设条件有时过于苛刻以至于同实际情况不符合，难免会有一定的局限性。但综合考虑该模型始终都是一个非常好的理论模型。

第三节　Toeplitz 系统的快速迭代算法

在本书的研究中会出现 Toeplitz 系统，如果用普通的 Gaussian 消元算法去处理 Toeplitz 系统会造成事倍功半的局面，所以在这里，本书介绍一些高效处理 Toeplitz 系统的算法。

一、Toeplitz 系统

定义 3.2　若 $n \times n$ 的矩阵 T_n 具有如下形式[52-53]

$$T_n = \begin{bmatrix} t_0 & t_{-1} & \cdots & t_{2-n} & t_{1-n} \\ t_1 & t_0 & t_{-1} & \cdots & t_{2-n} \\ t_2 & t_1 & t_0 & \cdots & t_{3-n} \\ \vdots & \ddots & \ddots & \ddots & \vdots \\ t_{n-2} & t_{n-3} & \cdots & \ddots & t_{-1} \\ t_{n-1} & t_{n-2} & \cdots & t_1 & t_0 \end{bmatrix},$$

那么，我们称矩阵 T_n 是 Toeplitz 矩阵。其中 $t_{ij} = t_{i-j}$，即沿着矩阵 T_n 的所有对角线上其元素都是相等的。

本书在求解股票定价模型时，会遇到如下形式的 Toeplitz 系统

$$T_n x = b. \tag{3.30}$$

其中，x 是 n 维的未知向量，b 是 n 维的已知向量。如果用 Gaussian 消元法来求解（3.30）式，那么计算量会是 $O(n^3)$，计算机的储存空间为 $O(n^2)$。

二、快速算法

事实上，由矩阵 T_n 的表达式可知，矩阵的元素只有 $2n-1$ 个，而不是 n^2 个，所以可以通过以下步骤来降低计算量。

首先，我们采用双共轭梯度稳定算法（Bi-conjugate gradient stabilized method，简称 Bi-CGSTAB）[45,54] 替代 Gaussian 消元法来处理系统（3.30）式，该算法的流程如表 3-1 所示。

表 3-1 Bi-conjugate gradient stabilized method 算法流程

算法 求解（3.30）式的 Bi-CGSTAB 算法
第一步：取一个初始值 x^0，计算 $r^0=b-T_nx^0$，任意选择一个向量 R 且 $(R,r^0)\neq 0$，例如 $R=r^0$； 第二步：取 $\rho_0=\alpha_0=\omega_0=1$，$v^0=p^0=0$； 第三步：循环 $for\ i=1,2,\cdots$ $\rho_i=(R,r^{i-1})$ 如果 $\rho_i=0$，无效 否则就继续循环 $\beta_i=(\rho_i/\rho_{i-1})(\alpha_{i-1}/\omega_{i-1})$ $p^i=r^{i-1}+\beta_i(p^{i-1}-\omega_{i-1}v^{i-1})$ $v^{i-1}=T_np^i$ $\alpha_i=\rho_i/(R,v^i)$ $s=r^{i-1}-\alpha_iv^i$ 如果 $\lVert s\rVert\leq tol$，那么 $x^i=x^{i-1}+\alpha_ip^i$，停止 $t=T_ns$ $\omega_i=(t,s)/(t,t)$，$x^i=x^{i-1}+\alpha_ip^i+\omega_is$ $r^{i-1}=s-\omega_it$ 如果 x^i 的精度满足要求，那么就停止，否则就继续迭代 第四步：输出 x^i，计算误差为 $\lVert s\rVert/\lVert b\rVert$

在表 3.1 中含有 Toeplitz 矩阵 T_n 与向量的乘积，本书用快速傅里叶变换来实现这个乘积。

将矩阵 T_n 嵌入到一个 $2n\times 2n$ 的循环矩阵 C_{2n} 中，C_{2n} 的表达式如下

$$C_{2n} = \begin{bmatrix} T_n & D_n \\ D_n & T_n \end{bmatrix}, \quad D_n = \begin{bmatrix} 0 & t_{1-n} & \cdots & t_{-2} & t_{-1} \\ t_{n-1} & 0 & t_{-1} & \cdots & t_{-2} \\ t_{n-2} & t_1 & 0 & \cdots & t_{-3} \\ \vdots & \ddots & \ddots & \ddots & \vdots \\ t_2 & t_3 & \cdots & \ddots & t_{1-n} \\ t_1 & t_2 & \cdots & t_{n-1} & 0 \end{bmatrix}.$$

令

$$c = \begin{bmatrix} T_n \\ D_n \end{bmatrix}.$$

循环矩阵 C_{2n} 可以分解为

$$C_{2n} = F_{2n}^{-1} diag(F_{2n}c)\, F_{2n}. \tag{3.31}$$

其中，F_{2n} 是 $2n \times 2n$ 维的离散 Fourier 变换矩阵，且

$$F_{2n}(j,\ k) = \frac{1}{\sqrt{2n}}\exp\left(\frac{i\pi jk}{n}\right),\ i = \sqrt{-1}. \tag{3.32}$$

其中，$1 \leqslant j,\ k \leqslant 2n$ 。所以对于任意向量 $X \in R^n$ 与 Toeplitz 矩阵 T_n 的乘积都可以通过上述变换求得，而且计算过程中不需要存储整个矩阵，只需要该矩阵的第一行和第一列上的元素即可。另外，由（3.31）式可知，对于任意的循环矩阵与向量的乘积，都可以用快速 Fourier 变换及其逆变换实现。

第四节　本章小节

本章介绍了α稳态随机变量相关理论，并在此基础上引出 FMLS 稳态过程下欧式期权价值所适合的偏微分方程。另外，由于在求解 FMLS 框架下金融衍生产品定价模型中会遇到 Toeplitz 系统，为了提升计算效率，我们在本章第三节介绍了 Toeplitz 系统的快速迭代算法。

第四章　FMLS 框架下欧式期权定价、对冲与实证分析

第一节　本章导言

为了能够直观地看到 FMLS 模型的风险捕捉能力，需要用真实的市场信息来进行实证检验，所以本章主要在 FMLS 框架下研究欧式期权的定价、离散时间的对冲，并用来自不同市场的数据进行实证分析。

首先，本章将根据卷积定价原理推导欧式期权的定价公式。在使用本章所推导的公式做进一步研究前，我们设计了相应的数值算例对公式进行检验。其次，对于期权的持有者来说，对冲策略是一个防范风险的最佳办法，所以结合实际情况，本章还对 FMLS 框架下欧式期权离散时间下的对冲策略进行了研究。本章第三节主要是实证分析（以 BS 模型作为比较对象），主要有以下几个方面的内容：①密度函数的拟合以及风险中性参数估计；②FMLS 模型在样本内、样本外的定价能力的检测以及隐含波动率的刻画；③方差最优对冲策略及 Delta 对冲策略的对比。

从文献梳理中可以看到，目前对 FMLS 框架下欧式期权的研究主要包括两个方面：一方面是研究定价模型数值算法；另一方面是寻找欧式期权的定价公式，然后通过数值方法诱导出隐含波动率。目前，还没有文献对 FMLS 模型的定价能力进行实证检测研究和对 FMLS 模型下的期权对冲策略进行研究，所以本书在这一章将对 FMLS 模型的定价能力以及该模型下欧式期权的对冲策略进行研究，并通过实证分析来检验本章的理论。

在正式研究内容前先给出一些基本假设：第一，市场上不存在套利机会和市场交易无摩擦；第二，市场上允许做空。在风险中性环境中，无红

利率的风险资产价格 S_t 动态演化过程服从下面的指数随机过程

$$S_T = S_t \exp(r\tau + Y_\tau). \tag{4.1}$$

其中，r 是一个常数表示无风险利率，$\tau = T - t$，且 Y_τ 是如下的 FMLS 过程

$$Y_\tau = \nu t + \sigma L_t^{\alpha,\ -1}. \tag{4.2}$$

（4.2）式中的字母同（3.19）式中的字母所代表的含义是一样的。由第三章中的基础知识可知，当 $\alpha = 2$ 时

$$L_t^{2,\ -1} = \sqrt{2}\ W_t,$$

W_t 是标准布朗运动，所以此时（4.1）式就退化成经典的 BS 模型，即

$$S_T = S_t \exp(r\tau - \sigma^2\tau + \sqrt{2\sigma}\ W_t).$$

第二节 FMLS 框架下欧式期权定价公式

令 K 为欧式期权的敲定价格，T 为期权合约的时间，t 为当前时刻，期权合约的剩余时间为 $\tau = T - t$。为了方便推导，设

$$X_T = X_t + r\tau + Y_\tau. \tag{4.3}$$

其中 $X_t = \ln(S_t/K)$，那么由（4.1）式可得股票在 T 时的价格 S_T 为

$$S_T = S_t \exp(X_T). \tag{4.4}$$

如果令 $C(t,\ X_t)$ 作为标准欧式看涨期权在 t 时刻的价值，那么由（4.4）式可得

$$\begin{aligned} C(t,\ X_t) &= e^{-r\tau}\tilde{E}_t[(S_T - K)^+] \\ &= K\tilde{E}_t[(e^{X_T - r\tau} - e^{-r\tau})^+] \\ &= K\int_{-\infty}^{\infty} (e^{y - r\tau} - e^{-r\tau})^+ f_{X_t}(y)\mathrm{d}y \end{aligned} \tag{4.5}$$

其中，$\tilde{E}_t$ 表示风险中性的条件期望，f_{X_t} 是给定 t 时刻的信息 X_t，X_T 的条件密度函数。由 X_T 的定义及第三章中的相关内容可知，随机变量 X_T 的条件特征函数 $\Phi_X(\omega;\ t,\ T)$ 可以表示为

$$\Phi_X(\omega;\ t,\ T) = \tilde{E}_t[\exp(i\omega X_T)] = \exp[i\omega(r\tau + X_t)]\ \tilde{E}_t[\exp(i\omega Y_\tau)]$$

再由（3.22）式可得

$$\Phi_X(\omega;\ t,\ T) = \exp[i\omega(r\tau + X_t)] = \exp\left[i\omega\nu\tau - (i\omega\sigma)^\alpha \tau \sec\frac{\alpha\pi}{2}\right] \tag{4.6}$$

接下来，我们通过下面的定理直接给出欧式看涨期权价格的表达式。

定理 4.1 在风险中性环境下，假设标的资产价格 S_t 满足（4.4）式，那么以 T 为到期日，K 为执行价格的欧式看涨期权在 t 时刻的价格可以表示为

$$C(t,\ X_t) = \frac{Ke^{-r\tau}}{\pi}\int_0^{\infty}\Re\left[\frac{\Phi_x(\omega - i - i\bar{\alpha};\ t,\ T)}{(i\omega + 1 + \bar{\alpha})(i\omega + \bar{\alpha})}\right]\mathrm{d}\omega, \tag{4.7}$$

其中，$\tau = T - t$ 表示期权合约所剩下的时间，$\Phi_X(\omega - i - i\bar{\alpha};\ t,\ T)$ 是随机变量 X_T 的条件特征函数，$\Re$ 表示复数的实部，$\bar{\alpha}$ 是一个大于零的待定参数。

证明 定义一个新的函数

$$p(x) = e^{(1+\bar{\alpha})x}(e^x - e^{-r\tau})^+$$

其中 $\bar{\alpha} > 0$，于是

$$\begin{aligned}(e^{x-r\tau} - e^{-r\tau})^+ &= e^{(1+\bar{\alpha})(\tau r-x)}e^{(1+\bar{\alpha})(x-\tau r)}(e^{x-r\tau} - e^{-r\tau})^+\\ &= e^{(1+\bar{\alpha})(\tau r-x)}e^{(1+\bar{\alpha})(x-\tau r)}(e^{-(r\tau-x)} - e^{-r\tau})^+\\ &= p(r\tau - x)e^{(1+\bar{\alpha})(y-r\tau)},\end{aligned}$$

若令

$$h(x) = e^{(1+\bar{\alpha})x}f_{X_t}(x),$$

那么期权在 t 时刻的价格

$$\begin{aligned}C(t,\ X_t) &= K\int_{-\infty}^{\infty}p(r\tau - y)e^{(1+\bar{\alpha})(y-r\tau)}f_{X_t}(y)\mathrm{d}y\\ &= Ke^{-r\tau(1+\bar{\alpha})}\int_{-\infty}^{\infty}p(r\tau - y)\\ &= Ke^{-r\tau(1+\bar{\alpha})}(p * h)(r\tau).\end{aligned} \tag{4.8}$$

注意，由于 $\bar{\alpha} > 0$，所以函数 $p(x)$ 是绝对可积的，于是根据卷积定理[55]有

$$F(p * h) = F(p) * F(h)$$

其中 F 表示 Fourier 变换。在（4.8）式两边作 Fourier 变换，经过简单积分计算可得

$$F\left[\frac{C(t,\ X_t)}{K}e^{r\tau(1+\bar{\alpha})}\right](\omega) = F(p)(\omega)F(h)(\omega)$$

$$= \int_{-\infty}^{\infty} e^{i\omega x} p(x)\,\mathrm{d}x \int_{-\infty}^{\infty} e^{i\omega x} h(x)\,\mathrm{d}x$$

$$= \int_{-\infty}^{\infty} e^{i\omega x} e^{(1+\bar{\alpha})x} (e^{-x} - e^{-r\tau})^{+} \mathrm{d}x \int_{-\infty}^{\infty} e^{i\omega x} e^{(1+\bar{\alpha})x} f_{X_t}(x)\,\mathrm{d}x$$

$$= \int_{-\infty}^{r\tau} e^{i\omega x} e^{(1+\bar{\alpha})x} (e^{-x} - e^{-r\tau})\,\mathrm{d}x \int_{-\infty}^{\infty} e^{i\omega x} e^{(1+\bar{\alpha})x} f_{X_t}(x)\,\mathrm{d}x$$

$$= \frac{e^{r\tau(1+\bar{\alpha})x}\,\Phi_x(\omega - i - i\bar{\alpha};\ t,\ T)}{(i\omega + 1 + i\bar{\alpha})(i\omega + i\bar{\alpha})}.$$

接下来在上式两边同时作 Fourier 逆变换

$$C(t,\ X_t)$$

$$= \frac{K e^{-r\tau}}{2\pi} \int_{-\infty}^{\infty} \frac{\Phi_{x(\omega - i - i\bar{\alpha};\ t,\ T)}}{(i\omega + 1 + i\bar{\alpha})(i\omega + i\bar{\alpha})} \mathrm{d}\omega$$

$$= \frac{K e^{-r\tau}}{2\pi} \left[\int_{0}^{\infty} \frac{\Phi_{x(\omega - i - i\bar{\alpha};\ t,\ T)}}{(i\omega + 1 + i\bar{\alpha})(i\omega + i\bar{\alpha})} \mathrm{d}\omega + \int_{-\infty}^{0} \frac{\Phi_{x(\omega - i - i\bar{\alpha};\ t,\ T)}}{(i\omega + 1 + i\bar{\alpha})(i\omega + i\bar{\alpha})} \mathrm{d}\omega \right]$$

$$= \frac{K e^{-r\tau}}{2\pi} \left[\int_{0}^{\infty} \frac{\Phi_{x(\omega - i - i\bar{\alpha};\ t,\ T)}}{(i\omega + 1 + i\bar{\alpha})(i\omega + i\bar{\alpha})} \mathrm{d}\omega - \int_{\infty}^{0} \frac{\Phi_{x(\omega - i - i\bar{\alpha};\ t,\ T)}}{(-i\omega + 1 + i\bar{\alpha})(-i\omega + i\bar{\alpha})} \mathrm{d}\omega \right]$$

$$= \frac{K e^{-r\tau}}{2\pi} \int_{0}^{\infty} \left[\frac{\Phi_{x(\omega - i - i\bar{\alpha};\ t,\ T)}}{(i\omega + 1 + i\bar{\alpha})(i\omega + i\bar{\alpha})} + \frac{\Phi_{x(-\omega - i - i\bar{\alpha};\ t,\ T)}}{(-i\omega + 1 + i\bar{\alpha})(-i\omega + i\bar{\alpha})} \right] \mathrm{d}\omega.$$

根据文献［49］可知，函数 Φ_x 的实部关于 ω 是一个偶函数，虚部关于 ω 是一个奇函数，所以不难发现上式最后一个等号右边中括号内是两个共轭复数，于是

$$C(t,\ X_t) = \frac{K e^{-r\tau}}{2\pi} \int_{0}^{\infty} \left[\frac{\Phi_x(\omega - i - i\bar{\alpha};\ t,\ T)}{(i\omega + 1 + i\bar{\alpha})(i\omega + i\bar{\alpha})} + \frac{\Phi_x(\omega - i - i\bar{\alpha};\ t,\ T)}{(-i\omega + 1 + i\bar{\alpha})(-i\omega + i\bar{\alpha})} \right] \mathrm{d}\omega$$

$$= \frac{K e^{-r\tau}}{2\pi} \int_{0}^{\infty} \Re \left[\frac{\Phi_{x(\omega - i - i\bar{\alpha};\ t,\ T)}}{(i\omega + 1 + i\bar{\alpha})(i\omega + i\bar{\alpha})} \right] \mathrm{d}\omega.$$

因为在此前本章已经假设市场是无套利的，所以欧式期权的平价公式仍然适用。因此，欧式看跌期权的定价公式 $P(t,\ X_t)$ 可以通过下面的式子直接求得，即

$$C(t,\ X_t) + K e^{-r\tau} = P(t,\ X_t) + S_t.$$

因为 $S_t = K\exp(X_t)$ ，所以

$$P(t,\ X_t) = C(t,\ X_t) + K e^{-r\tau} - K\exp(X_t) \tag{4.9}$$

为了让欧式看涨期权定价公式（4.7）式能在计算上实现，那就得先做相应的近似处理。首先对（4.7）式中的积分上限进行截断。假设 A 为截断积分的上限，$\widehat{C}(t,\ X_t)$ 表示截断定价公式（4.7）式后计算出来的欧式看涨期权的估计值，若使得截断误差不大于 $\varepsilon > 0$，即

$$\begin{aligned}
|C(t,\ X_t) - \widehat{C}(t,\ X_t)| &\leqslant \frac{K e^{-r\tau}}{\pi}\int_0^{\infty}\left|\Re\left[\frac{\Phi_{x(\omega-i-i\bar{\alpha};\ t,\ T)}}{(i\omega+1+i\bar{\alpha})(i\omega+i\bar{\alpha})}\right]\right|d\omega \\
&\leqslant \frac{K e^{-r\tau}}{\pi}\int_A^{\infty}\frac{\widetilde{E}_t[e^{(1+\bar{\alpha})Y_T}]}{\sqrt{(\bar{\alpha}^2+\bar{\alpha}-\omega)+(1+2\bar{\alpha}^2)\omega^2}}d\omega \\
&\leqslant \frac{K e^{-r\tau}\widetilde{E}_t[e^{(1+\bar{\alpha})Y_T}]}{\pi}\int_A^{\infty}\frac{1}{\omega^2}d\omega \\
&= \frac{K e^{-r\tau}\widetilde{E}_t[e^{(1+\bar{\alpha})Y_T}]}{A\pi} < \varepsilon,
\end{aligned}$$

所以只要积分上限 A 满足

$$A > \frac{K e^{-r\tau}\widetilde{E}_t[e^{(1+\bar{\alpha})Y_T}]}{\varepsilon\pi},$$

那么，对于定价公式（4.7）式的截断误差就不会高于 ε 。此时，欧式看涨期权的定价公式可以近似地表示为

$$C(t,\ X_t) = \frac{K e^{-r\tau}}{\pi}\int_0^{A}\Re\left[\frac{\Phi_x(\omega_j - i - i\bar{\alpha};\ t,\ T)}{(i\omega+1+i\bar{\alpha})(i\omega+i\bar{\alpha})}\right]d\omega \tag{4.10}$$

接下来，需要用梯形公式对（4.10）式作近似计算，取 $A = M\eta$ ，令 $\omega_j = (j-1)\eta$ ，$j = 1,\ 2,\ \cdots,\ M$ ，那么（4.9）式可以近似地表示为

$$C(t,\ X_t) \approx \frac{K e^{-r\tau}}{\pi}\sum_{j=1}^{M+1}R\left\{\frac{\Phi_x(\omega_j - i - i\bar{\alpha};\ t,\ T)}{(i\,\omega_j+1+\bar{\alpha})(i\,\omega_j+\bar{\alpha})}\right\}\eta. \tag{4.11}$$

由文献［56］的结论可知，在欧式期权定价公式（4.7）式中参数 $\bar{\alpha}$ 必须要让函数 $\Phi_x(\omega - i - i\bar{\alpha};\ t,\ T)$ 有意义或者 $\widetilde{E}_t[S_T^{(1+\bar{\alpha})}] < 0$，而在 FMLS 框架下标的股票价格是存在任何阶矩的，所以对于任意的 $\bar{\alpha}$ ，$\widetilde{E}_t[S_T^{(1+\bar{\alpha})}] < \infty$ 都是成立的，此时按照文献［56］做法，本书取 $\bar{\alpha} = 1.5$。

为了给后续研究提供可靠的理论基础，我们首先对（4.11）式进行检验。固定一组参数：$r = 0.05$，$s = 0.2$，$h = 0.002\,6$，$T = 1$，$M = 2^{20}$ 。先检

验 $\alpha=2$ 的情况，令定价公式（4.11）式中的参数 $\alpha=2$ 计算出一组值，记为 $C_{\text{FMLS}}(\alpha=2)$；然后用经典的 BS 公式计算出一组值，记为 C_{BS}。在此本书强调，当 FMLS 过程中尾部指数 $\alpha=2$ 时，$L_t^{2,-1}=\sqrt{2}W_t$。所以在计算 C_{BS} 时，要把经典 BS 公式中波动率换成 $\sqrt{2}\sigma$。

图 4-1（a）中所呈现的是 $C_{\text{FMLS}}(\alpha=2)$ 和 C_{BS} 两组值，图 4-1（b）中是这两组值的绝对误差，其定义如下

$$error=|C_{\text{FMLS}}-C_{\text{BS}}|$$

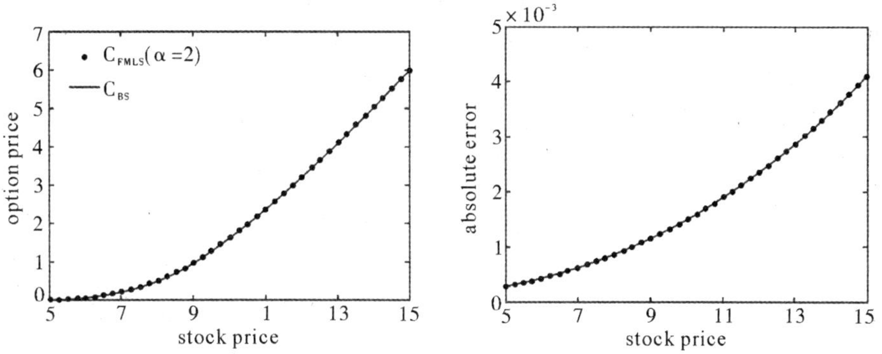

(a) $C_{\text{FMLS}}(\alpha=2)$ vs C_{BS}　　(b) 绝对误差图

图 4-1　敲定价格 $K=10$

为了使数值实验更有说服力，按照相同的方法我们也对看跌期权的定价公式（4.9）式做了类似的检验，其结果如图 4-2 所示。

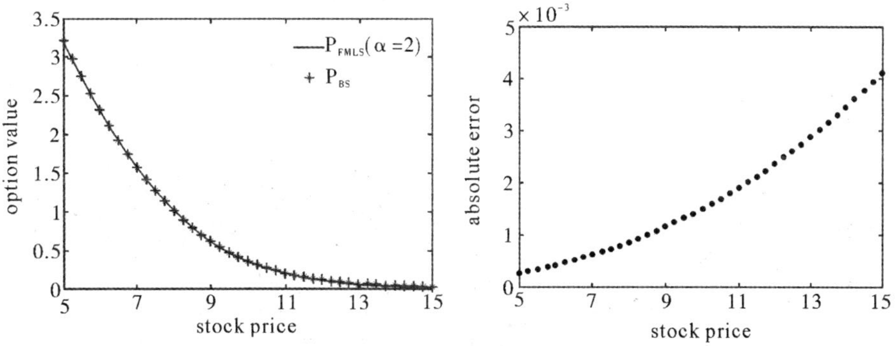

(a) $P_{\text{FMLS}}(\alpha=2)$ vs P_{BS}　　(b) 绝对误差图

图 4-2　敲定价格 $K=10$

从图 4-1 和图 4-2 可以看出，在相同参数下，由两个不同模型计算出

来的欧式期权的价格相差不大，其最大绝对误差不超过0.004 2，由此可以判断本书所推导出来的期权定价公式是有效的。

对于$\alpha \in (1, 2)$，本章用蒙特卡洛（Monte Carlo）方法来检验。不失一般性，取$\alpha = 1.52$，公式中的其他参数分别为$r = 0.05$，$s = 0.2$，$h = 0.0026$，$T = 1$，$K = 10$，为了结果的准确性，在用蒙特卡洛方法时我们采20 000条股票价格路径。图4-3（a）和图4-4（a）中，实线表示由本章的定价公式得到的结果，点表示由蒙特卡洛方法计算出来结果。在图4-3（b）和图4-4（b）中，我们呈现了由这两种方法计算出来的期权价格的差（蒙特卡洛方法得到的值减去由本书的定价公式所得到的值）。根据图4-3和图4-4可知，在$\alpha \in (1, 2)$的情况下，本书利用卷积定价原理推导出来的欧式期权的定价公式是合理的。接下来，本书将用这个定价公式来研究FMLS框架下欧式期权的方差最优对冲策略。

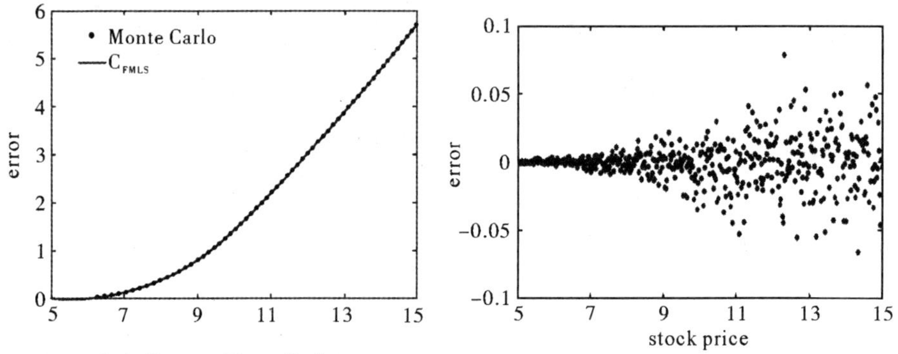

（a）C_{FMLS} vs Monte Carlo　　（b）误差图

图4-3　敲定价格$K = 10$

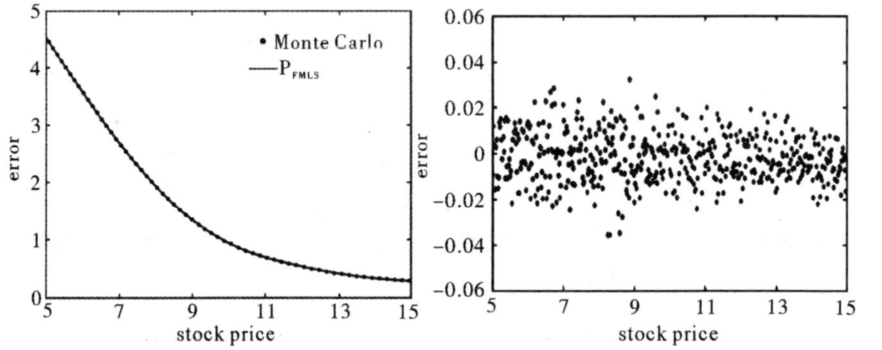

（a）P_{FMLS} vs Monte Carlo　　（b）误差图

图4-4　敲定价格$K = 10$

第三节 方差最优对冲策略

事实上，期权这种金融衍生产品具有很大的杠杆率，其本身也具有很高的风险，所以对于期权空头方来说，其会通过买卖相应的标的资产来实现风险对冲以达到风险管理的目的。如果没能做好对冲策略，一旦市场发生突变，后果将不堪设想。那么，究竟要持多少份额标的资产才能很好地把风险对冲掉，这就是本节所要讨论的问题。

在经典的 BS 框架下，Delta 对冲策略[57-58]是被公认的有效对冲策略，但这种对冲策略的适用范围是非常有限的。Tankov[59]已经严格地证明了只有在假设期权的标的资产服从几何布朗运动或者服从复合 possion 过程，且该 possion 过程只能有一个确定的跳跃幅度情况下 Delta 对冲策略才能达到目的。然而，FMLS 模型并不满足 Tankov 的前提条件，所以在这部分作者将从另外的角度来寻找 FMLS 模型下欧式期权的有效对冲策略。

其实，对冲可以理解为空头方通过买卖同期权对于标的资产来构造资产组合以实现对未定权益终值的一种逼近，逼近程度的优劣通常用均方误差的大小来衡量，那么使得均方误差达到最小的策略就是最优的对冲策略，即方差最优对冲策略（variance-optimal hedgding strategy），用数学符号表示如下：

$$\mathfrak{D}^* = \arg\min_{\mathfrak{D}\in\Omega} M_0 \tag{4.12}$$

其中，Ω 表示所有可行的对冲策略 $\mathfrak{D}$ 的集合，$\mathfrak{D}^*$ 表示最优的对冲策略，M_0 表示初始时刻资产组合的均方误差。后面将给出 M_0 的数学表达式。另外，考虑到在真实的市场上任何空头方都不会做到连续的交易，因此，我们只研究离散时间情形下的对冲策略。在现有的文献中，关于不连续方差最优对冲策略的计算方法主要有两种：一种是利用 Fourier-Cosin 展式，另一种是 CONV 方法。但是这两种方法都要求标的资产的对数收益至少具有二阶矩，这点在 FMLS 框架下是不可能满足的。因为在 FMLS 框架下，股票价格的对数收益是不存在高阶矩的，为此本书对 FMLS 模型下的欧式期权的方差最优对冲策略提出了一个算法。

假设期权空头方以 $C_0 = C(0, X_0)$ 价格在初始时刻 $t = 0$ 出售一张到期日为 T、执行价格为 K 的欧式看涨期权，并且希望在 0 到 T 这段时间内通过交易期权所对应的标的资产来对冲风险。为方便描述，假设交易发生的时刻为 t_j，$0 = t_1 < t_2 < \cdots < t_N = T$，且记

$$\tilde{E}_j = \tilde{E}_{t_j},\ X_j = X_{t_j},\ \tilde{S}_j = \exp(-r t_j) S_{t_j},\ \tilde{C}_j = \exp(-r t_j) C(t_j,\ X_{t_j}).$$

其中 $j = 1,\ 2,\ \cdots,\ M$。那么在风险中性概率测度下，初始时刻不连续对冲资产组合的均方误差可以表示为

$$M_0 = \tilde{E}_0 \left[\tilde{C}_0 + \sum_{j=0}^{N} \mathfrak{D}_j \Delta \tilde{S}_j - \tilde{C}_T \right]^2 \tag{4.13}$$

其中 $\Delta \tilde{S}_j = \tilde{S}_j - \tilde{S}_{j-1}$，$\mathfrak{D}_j$ 表示在 t_j 时刻空头方持有的风险资产份额，它是一个自融资（self-finance）交易策略。在（4.13）式中，$\sum_{j=0}^{N} \mathfrak{D}_j \Delta \tilde{S}_j$ 表示的就是在整个期权合约中期权出售方的交易累积收益。显然在（4.13）式中方括号内的表达式正好是空头方在整个合约时间段内的对冲资产组合，其目的是寻找最优的对冲策略 $\mathfrak{D}^*$ 使得期权金 $\tilde{C}_0$ 和交易累积收益的总和无限接近 $\tilde{C}_T$，亦即使得对冲资产组合在初始时刻的均方误差 M_0 达到最小。

在给出 FMLS 模型下的欧式看涨期权的方差最优对冲策略 $\mathfrak{D}^*$ 及其算法之前，我们先给出如下的引理。

引理 4.1 设 X 是一个随机变量，且 $X \sim L_\alpha(\mu,\ \sigma,\ \beta)$，其中 $\mu \in R$，$\sigma > 0, \beta \in [-1,\ 1]$，$\alpha \in (1,\ 2]$。那么对于任意的实数 k 和 b，有

$$\begin{aligned} E[\exp(kX + b)] &= \int_{-\infty}^{\infty} \exp(kx + b) f(x) \mathrm{d}x \\ &= \int_{m}^{M} \exp(kx + b) f(x) \mathrm{d}x + \varepsilon \end{aligned} \tag{4.14}$$

其中 ε 是一个无穷小量，函数 $f(x)$ 是随机变量 X 的密度函数，M 和 m 是截断无穷积分的上限和下限。

证明 由（3.2）式和（3.3）式可知，

$$\frac{X - \mu}{\sigma} \sim L_\alpha(0,\ 1,\ \beta)$$

如果令 $Z = \dfrac{X - \mu}{\sigma}$，那么 Z 就是一个标准的 α 稳态随机变量，并假设函数 $\bar{f}(x)$ 为随机变量 Z 的密度函数，那么

$$\begin{aligned} E[\exp(kX + b)] &= E[\exp(k(\sigma z + \mu) + b)] \\ &= \int_{-\infty}^{\infty} \exp(k(\sigma z + \mu) + b) \bar{f}(x) \mathrm{d}z \end{aligned}$$

$$= \int_{-\infty}^{\zeta} \exp[k(\sigma z + \mu) + b]\bar{f}(x)\,dz$$

$$= \int_{\zeta}^{\infty} \exp[k(\sigma z + \mu) + b]\bar{f}(x)\,dz.$$

其中，$\zeta = -\beta\tan(\alpha\pi/2)$ 。先考察上式中的第二个无穷积分。由第三章中的预备知识可知，当时 $z > \zeta$ ，随机变量 Z 的密度函数 $\bar{f}(x)$ 可以表示为

$$\bar{f}(x) = \frac{\alpha\,(x-\zeta)^{1/\alpha-1}}{\pi|\alpha-1|}\int_{-\theta_0}^{\pi/2} V(t;\ \alpha,\ \beta)\exp[-(z-\zeta)^{\alpha/\alpha-1}V(t;\ \alpha,\ \beta)]\,dt$$

其中，函数 $V(t;\ \alpha,\ \beta)$ 的表达式如（3.9）式所示。由积分中值定理可得

$$\bar{f}(x) = \frac{\alpha\,(x-\zeta)^{1/\alpha-1}(\pi/2+\theta_0)}{\pi|\alpha-1|}V(t^*;\alpha,\beta)\exp[-(z-\zeta)^{\alpha/\alpha-1}V(t^*;\alpha,\beta)]$$

因为密度函数是非负的，所以可以判定 $V(t^*;\ \alpha,\ \beta) > 0$。为方便叙述，记

$$M_1 = \frac{\alpha(\pi/2+\theta_0)}{\pi|\alpha-1|}V(t^*;\ \alpha,\ \beta),\ M_2 = V(t^*;\ \alpha,\ \beta)$$

那么，标准 α 稳态随机变量的密度函数可以表示为

$$\bar{f}(x) = M_1\,(x-\zeta)^{1/\alpha-1}\exp[-M_2(z-\zeta)^{\alpha/\alpha-1}] \qquad (4.16)$$

现在把（4.16）式代入（4.15）式中的第二个无穷积分，于是

$$\int_{\zeta}^{\infty}\exp[k(\sigma z+\mu)+b]\bar{f}(x)\,dz = \int_{\zeta}^{M}\exp[k(\sigma z+\mu)+b]\bar{f}(x)\,dz$$

$$+\int_{M}^{\infty}\exp[k(\sigma z+\mu)+b]\,M_1\,(x-\zeta)^{1/\alpha-1}\exp[-M_2(z-\zeta)^{\alpha/\alpha-1}]\,dz$$

因为 $\alpha \in (1,\ 2]$ ，那么 $\dfrac{\alpha-1}{\alpha} \geqslant 2$；又因为 M_2 是大于零的，所以只要积分上限 M 足够大，有

$$\int_{M}^{\infty}\exp[k(\sigma z+\mu)+b]\,M_1\,(x-\zeta)^{1/\alpha-1}\exp[-M_2(z-\zeta)^{\alpha/\alpha-1}]\,dz \to 0.$$

令

$$\varepsilon_1 = \int_{M}^{\infty}\exp[k(\sigma z+\mu)+b]\,M_1\,(x-\zeta)^{1/\alpha-1}\exp[-M_2(z-\zeta)^{\alpha/\alpha-1}]\,dz,$$

所以

$$\int_{\zeta}^{\infty}\exp(kx+b)f(x)\mathrm{d}z=\int_{\zeta}^{M}\exp(kx+b)f(x)\mathrm{d}x+\varepsilon_1. \tag{4.17}$$

同理可得

$$\int_{-\infty}^{\zeta}\exp(kx+b)f(x)\mathrm{d}z=\int_{m}^{\zeta}\exp(kx+b)f(x)\mathrm{d}x+\varepsilon_2. \tag{4.18}$$

其中，m 是一个充分小的量，ε_2 趋于0。那么由(4.17)式和(4.18)式可得

$$\int_{-\infty}^{\infty}\exp(kx+b)f(x)\mathrm{d}z=\int_{m}^{M}\exp(kx+b)f(x)\mathrm{d}z. \tag{4.19}$$

在（4.14）式和（4.19）式的基础上，本章将以定理的形式给出 FMLS 模型下欧式看涨期权的不连续时间的方差最优对冲策略。

定理 4.2 在风险中性环境下，如果风险资产价格满足指数随机过程（4.4）式，其中 X 是一个右连左极的且具有独立增量的随机过程，那么以 S_t 为标的，K 为执行价格，T 为到期日且对冲交易时间为 $0=t_1<t_2<\cdots<t_N=T$ 的欧式看涨期权 C 的方差最优对冲策略为

$$\mathfrak{D}^*=\frac{\tilde{E}_{j-1}[\tilde{C}_T\Delta\tilde{S}_j]}{\tilde{E}_{j-1}[\Delta\tilde{S}_j]}\approx\frac{\exp[-r(T+T_j)]v_j-\tilde{C}_{j-1}\tilde{S}_{j-1}}{K^2\Phi_x(-2i;\ t_{j-1},\ t_j)-\tilde{S}_{j-1}^2}. \tag{4.20}$$

且当 $j=N$ 时，有

$$v_N=K^2\sum_{i=1}^{M}[\exp(2z_i+2x_{N-1})-\exp(z_i+x_{N-1})f(z_i)]. \tag{4.21}$$

其中，$f(z_i)$ 是随机变量 $X\sim L_\alpha[(r+v)(T-t_{N-1}),\ \sigma(T-t_{N-1})^{1/\alpha},\ -1]$ 的概率密度函数。当 $1\leqslant j<N$ 时，有

$$v_j=\frac{K^2}{\pi}\sum_{i=1}^{M}[\exp(y_i+x_j)C(y_i+x_j)f(y_i)]\Delta',$$

其中

$$C(t,\ X_t)\approx\sum_{j=1}^{M+1}\Re\left\{\frac{\Phi_x(\omega_j-i-i\bar{\alpha};\ t,\ T)}{(i\omega_j+1+\bar{\alpha})(i\omega_j+\bar{\alpha})}\right\}\eta,$$

$f(y_i)$ 是随机变量 $X\sim L_\alpha[(r+v)(t_j-t_{j-1}),\ \sigma(t_j-t_{j-1})^{1/\alpha},\ -1]$ 的概率密度函数。

证明 因为随机变量 X 是具有稳定的独立增量的，且在风险中性概率测度下贴现过程 $\tilde{S}_j$ 和 $\tilde{C}_j$ 都是鞅，那么根据文献［56］的结论可得

$$M_0=\tilde{E}_0[\tilde{C}_T^2]+\tilde{C}_0^2-\tilde{C}_0+\tilde{E}_0\left\{\sum_{j=0}^{N}\mathfrak{D}_j^2\tilde{E}_{j-1}[\Delta\tilde{S}_j^2]\right\}-2\mathfrak{D}_j\tilde{E}_{j-1}[\tilde{C}_j\Delta\tilde{S}_j]$$

由此可得，M_0 最小时的最优对冲策略

$$\mathfrak{D}^* = \frac{\widetilde{E}_{j-1}[\widetilde{C}_T \Delta\widetilde{S}_j]}{\widetilde{E}_{j-1}[\Delta\widetilde{S}_j^2]}. \tag{4.22}$$

因为随机变量 X 的分布信息是已知的，那么根据（4.6）式可以把（4.22）式中的分母计算出来，即

$$\begin{aligned}\widetilde{E}_{j-1}[\Delta\widetilde{S}_j^2] &= \widetilde{E}_{j-1}[\widetilde{S}_j^2 - \widetilde{S}_{j-1}^2] \\ &= \widetilde{E}_{j-1}[\widetilde{S}_j^2] - \widetilde{S}_{j-1}^2 \\ &= K^2\,\Phi_x(-2i;\ t_{j-1},\ t_j) - \widetilde{S}_{j-1}^2\end{aligned}$$

又因为 $\widetilde{S}_j$ 和 $\widetilde{C}_j$ 都是鞅，所以（4.22）式中的分子可以表示为

$$\begin{aligned}\widetilde{E}_{j-1}[\widetilde{C}_T \Delta\widetilde{S}_j] &= \widetilde{E}_{j-1}[\widetilde{C}_T(\widetilde{S}_j - \widetilde{S}_{j-1})] \\ &= \widetilde{E}_{j-1}[\widetilde{C}_T \widetilde{S}_j] - \widetilde{E}_{j-1}[\widetilde{C}_T]\,\widetilde{S}_{j-1} \\ &= \widetilde{E}_{j-1}[\widetilde{C}_T \widetilde{S}_j] - \widetilde{C}_{j-1}\,\widetilde{S}_{j-1}\end{aligned}$$

现在上式中只有 $\widetilde{E}_{j-1}[\widetilde{C}_T \widetilde{S}_j]$ 是未知的。又因为

$$\widetilde{E}_{j-1}[\widetilde{C}_T \widetilde{S}_j] = \exp[-r(T+t_j)]\,\widetilde{E}_{j-1}[C_T S_j],$$

所以，如果记 $v_j = \widetilde{E}_{j-1}[C_T S_j]$，则计算方差最优对冲策略 $\mathfrak{D}^*$ 转化为寻找计算 v_j 的算法。

接下来本书将从 $j = N$ 和 $1 \leqslant j < N$ 两个方面来给出求 v_j 值的算法。

（1）当 $j = N$ 时，亦即 $t_j = T$，那么此时

$$\begin{aligned}v_N &= \widetilde{E}_{N-1}[C_T S_j] \\ &= \widetilde{E}_{N-1}[(S_T - K)^+ S_j] \\ &= K^2\int_{-\infty}^{\infty}(e^y - K)^+ e^y f_{x_{N-1}}(y)\,\mathrm{d}y.\end{aligned} \tag{4.23}$$

其中，函数 $f_{x_{N-1}}(y)$ 是给定 X_{N-1} 时 X_N 的条件密度函数。因为在 FMLS 框架下，股票价格是一个指数 Lévy 过程并且 $X_t = \ln(S_t/K)$。也就是说，X_t 关于标的资产价格，S_t 是一个单调函数，所以根据文献［60］的结论可得函数 $f_{x_{N-1}}(X_N)$ 满足下面的关系

$$f_{x_{N-1}}(X_N) = f(X_N - X_{N-1}). \tag{4.24}$$

其中，随机变量 $X_N - X_{N-1} \sim L_\alpha[(r+v)(t_N - t_{N-1}),\ \sigma\,(t_N - t_{N-1})^{1/\alpha},\ -1]$。于是结合（4.23）式和（4.24）式并且做变量替换 $z = y - x_{N-1}$，可以得到

$$v_N = K^2 \int_{-\infty}^{\infty} (e^y - K)^+ e^y f_{x_{N-1}}(y)\,dy$$
$$= K^2 \int_{-x_{N-1}}^{\infty} [\exp(2z + 2x_{N-1}) - \exp(z + x_{N-1})] f(z)\,dz$$
$$= K^2 \int_{-x_{N-1}}^{d} [\exp(2z + 2x_{N-1}) - \exp(z + x_{N-1})] f(z)\,dz + \varepsilon$$
$$\approx K^2 \sum_{j=1}^{M} \exp(2z_j + 2x_{N-1}) - \exp(z_j + x_{N-1}) f(z_j)\Delta. \tag{4.25}$$

在上式中的最后一步运用了梯形公式，其中 $M\Delta - x_{N-1} = d$ 是截断无穷积分的上限，$z_j = (j-1)\Delta - x_{N-1}$ 。为了保证计算的精度，在本章的数值计算中取 $M = 10^6$，$\Delta = 0.001$。

（2）接下来考虑 $1 \leqslant j < N$ 的情况。利用重期望公式可得

$$v_j = \tilde{E}_{j-1}[C_T S_j] = \tilde{E}_{j-1}\{\tilde{E}_j[C_T S_j]\}$$
$$= \tilde{E}_{j-1}\{S_j \tilde{E}_j[C_T]\}. \tag{4.26}$$

其中，$\tilde{E}_j[C_T]$ 可以直接利用欧式看涨期权定价公式得到，即

$$\tilde{E}_j[C_T] \approx \frac{K}{\pi} \sum_{n=1}^{M+1} \Re\left\{\frac{\Phi_x(\omega_n - i - i\bar{\alpha};\ t,\ T)}{(i\omega_n + 1 + \bar{\alpha})(i\omega_n + \bar{\alpha})}\right\}\eta$$

很显然，$\tilde{E}_j[C_T]$ 是 X_j 的函数，为了方便表述，记 $C(X_j) = \tilde{E}_j[C_T]$ ，那么

$$v_j = K\tilde{E}_{j-1}\{S_j \tilde{E}_j[C_T]\} = K\tilde{E}_{j-1}[S_j C(X_j)]$$
$$= K\int_{-\infty}^{\infty} e^x\, C(x) f_{X_j}(x)\,dx = K\int_{-\infty}^{\infty} e^{y+x_j} C(x) f(y)\,dy$$
$$= K\int_a^b \exp(y + x_j)\, C(y + x_j) f(y)\,dy$$
$$\approx K\sum_{j=1}^{M} \exp(y_i + x_j)\, C(y_i + x_j) f(y_i)\,\Delta'.$$

其中，a 和 b 是截断无穷积分的下限和上限，并且 $\Delta' = \dfrac{b-a}{N-1}$，$y_i = (j-1)\Delta' + a$。至此，我们完成了对定理 4.2 的证明。另外，为了保证计算的精度，在数值计算中取 $N = 2 \times 10^6$ ，$\Delta' = 0.001$ 以及 $b = a$ 。

值得注意的是，当股票价格服从几何布朗运动时，欧式期权的方差最优对冲策略与经典点 Delta 对冲策略是相互等价的，详细的证明过程请参

见文献［59］。

第四节　实证分析

俗话说得好，实践是检验真理的唯一标准，所以为了对本章前面三节的理论研究进行检验，我们将在本小节内用真实的期权及相应的标的资产数据来进行实证检验。

根据内容的需要，本节被划分为三个部分：第一部分主要是股票价格对数收益的拟合，其中，将利用极大似然函数法对参数进行估计，待估参数的标准差可以证实股票对数收益的分布特征。第二部分是检测 FMLS 模型的定价能力，为了形成比较，在相同的样本内本书也对 BS 模型做相同的实证；另外，本书还给出了由 FMLS 模型所诱导出来的隐含波动率。第三部分是检测方差最优对冲策略和 Delta 对冲策略的对冲误差能力，为了能够更好地突出 FMLS 模型下方程最优对冲策略的优越性，本书同时做了 FMLS 模型下的 Delta 对冲和经典 BS 模型下的 Delta 对冲。

一、股票价格的拟合

本章所选取的风险资产的样本时间段为 2014 年 12 月 31 日至 2016 年 10 月 30 日除了节假日外的 725 个工作日的数据。样本中包括 4 只股票（交易代码为：AAPL、FLO、MARPS 以及 GS），一只股票指数（交易代码为：SPX）和一只基金指数（交易代码为：50ETF）；其中 50ETF 指数及其对应的期权数据来源于 Wind 数据库，AAPL、FLO、MARPS 以及 GS 四个风险资产的数据及 AAPL 所对应期权的数据来源于雅虎财经（网址：finance.yahoo.com）。在所选定的样本数据中，以风险资产每日的收盘价（closed price）来作为当天风险资产的市场价格。

这里采用极大似然估计方法来估计 FMLS 随机变量密度函数中的参数。不失一般性，记 $LR_{\mathrm{FMLS}}(x)$ 为 FMLS 的对数似然函数，$f_{\mathrm{FMLS}}(x)$ 为该过程的密度函数，那么根据对数似然函数的生成原理可得函数 $LR_{\mathrm{FMLS}}(x)$ 的表达式

$$LR_{\mathrm{FMLS}}(x)=\sum_{j=1}^{N} f_{\mathrm{FMLS}}(x_j). \tag{4.27}$$

其中，N 表示样本容量。于是 FMLS 模型中的待估参数满足下面的优化过程，即

$$(\mu^*, \alpha^*, \sigma^*) = \arg\max_{\mu, \alpha, \sigma} [LR_{FMLS}(\mu, \alpha, \sigma)]$$

整个估计过程可以用 MATLAB 软件中的最优工具箱实现，参数的估计结果如表 4-1 所示，小括号中的数值代表的是估计参数的标准差。在估计的过程中我们发现参数的最终估计值对初始值具有一定的依赖性，所以本书在参数的范围内随机生成 1 000 个初始值来进行估计，并取 1 000 个估计结果（参数估计值和标准差）的平均值作为最终的估计值。另外，为了能直观地看拟合效果，本书在图 4-5 中展示了风险资产的真实概率密度和拟合得到概率密度。真实的概率密度就是风险资产对数收益的直方图，在实际的操作中本书把样本的元阵大小定为 100；而拟合值（FMLS Density）是把估计得到的参数带回 FMLS 的密度函数而得到的，图中“星形”表示真实密度，“点”表示拟合密度。

根据表 4-1 中参数的估计结果可以发现尾部指数 α 在各个样本下的估计标准差都比较小而且显著性也比较高，这说明了在原概率测度下，标的资产价格对数收益分布不是正态的，该分布是有偏的而且存在厚尾的情况。另外，图 4-5 中的密度函数拟合曲线也说明了这个事实。

表 4-1　参数估计结果

交易代码	α	σ	μ
FLO	1.512 3* (0.000 8)	0.030 3* (0.003 5)	−0.015 0* (0.002 3)
GS	1.558 4* (0.000 2)	0.010 3 (0.074 0)	−0.005 0* (0.000 3)
MARPS	1.594 9* (0.000 9)	0.030 4 (0.827 4)	−0.017 9 (0.766 3)
AAPL	1.600 5* (0.000 3)	0.012 6 (0.340 5)	−0.006 5 (0.044 3)
50ETF	1.685 1* (0.015 9)	0.013 8* (0.001 0)	−0.003 6* (0.000 7)
SPX	1.713 4* (0.001 7)	0.006 4* (0.000 6)	−0.001 5* (0.000 7)

注：1. 样本区间为 2014 年 12 月 31 日至 2016 年 10 月 30 日，共 461 个样本点。

2. 表中小括号内是参数估计值的标准差，括号上方是参数的估计值。

3. “ * ” 表示参数在 1% 的显著水平下是显著的。

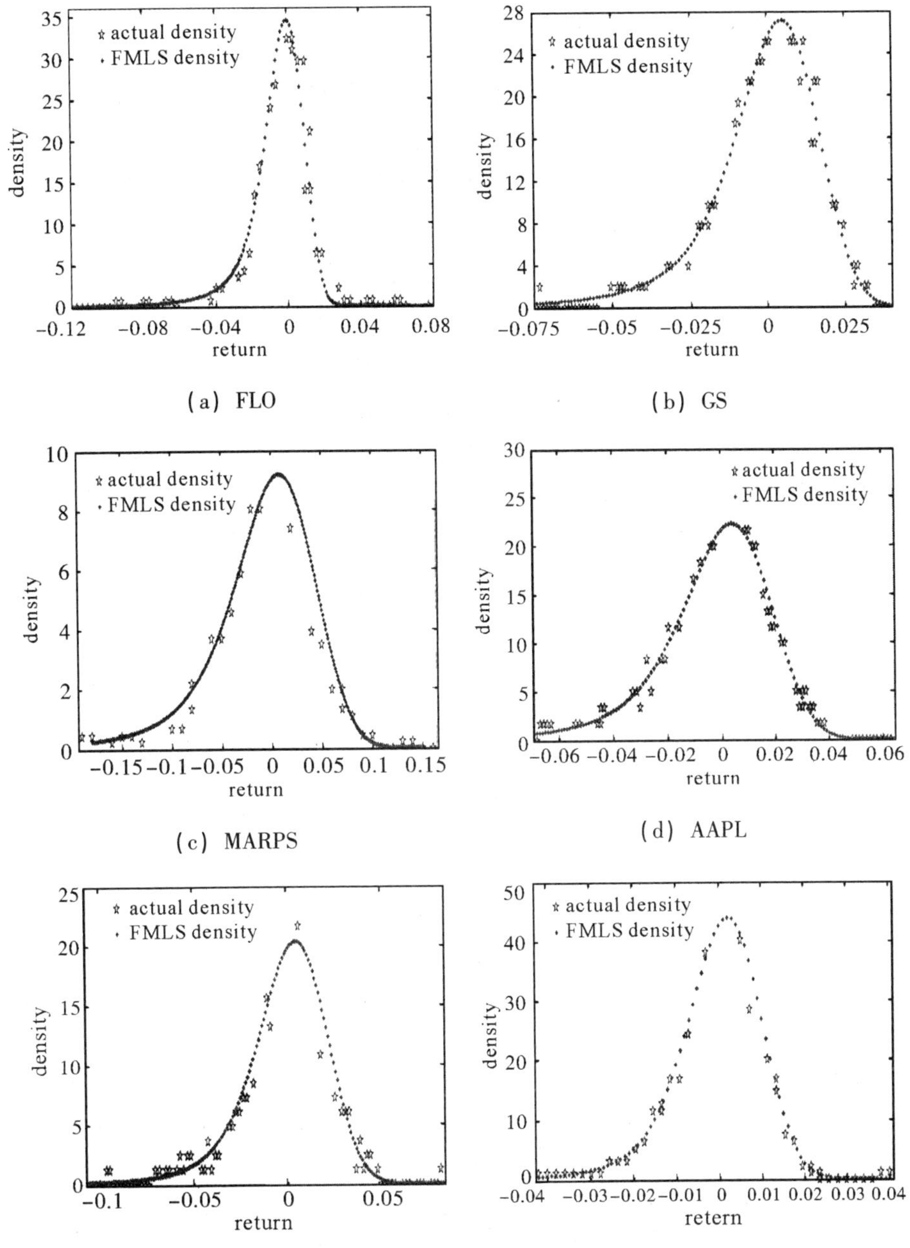

(a) FLO　(b) GS

(c) MARPS　(d) AAPL

(e) 50ETF　(f) SPX

图 4-5　FMLS 密度函数拟合图

二、期权定价误差实证分析

这部分主要是检验 FMLS 模型的定价能力，按以下几个步骤来实现：首先是对原始数据进行处理；其次是根据均方误差原理估计出期权的风险中性参数，该过程利用 MATLAB 的最优工具箱完成[61]；最后把估计出来的参数代入定价公式计算出理论价格并同实际的市场价格做比较。

为方便叙述，把 SPX 所对应的期权数据记为样本Ⅰ，上证 50ETF 所对应的期权数据记为样本Ⅱ。样本区间为 2015 年 9 月 1 日至 30 日中所有交易日的数据；另外，用询盘价（ask price）和投标价（bid price）的平均值作为期权的真实市场价格并用该价格来进行估计风险中性下的参数，并且按照文献［62］中处理数据的方法对所收集到的数据进行处理。在这里要简单说明一下无风险利率的选取：当用 50ETF 对应的期权数据作为样本时，本书选取相应时间内的上海同业拆借率作为无风险利率；当用 SPX 所对应期权数据作为样本时，则选取美国三个月的短期国债利率作为无风险利率。

我们以期权价值状态（Moneyness，S/K）为标准将样本Ⅰ和Ⅱ分成三个类别：当 $S/K \in (0.93, 10.3)$，称作平价期权（at-the-money，简写为 ATM）；当 $S/K > 1.03$，称作价外期权（out-of-the-money，简写为 OTM）；当 $S/K < 0.93$，称作价内期权（in-the-money，简写为 ITM），如表 4-2 和表 4-3 所示，小括号内的数值代表子样本点的个数。

表 4-2　SPX 期权数据

价值状态（moneyness）				
样本区间	ITM	ATM	OTM	总体
Sep.1～Sep.15	287.9 (954)	52.29 (2 155)	10.01 (3 803)	61.62 (6 912)
Sep.16～Sep.30	225.6 (1 243)	46.23 (2 807)	8.944 (4 145)	54.39 (8 195)

注：表中的数值表示的是相应观测样本内的期权价格的平均值，小括号内是样本容量，计价单位是美元，样本区间是 2015 年 9 月 1 日至 30 日。

表 4-3　50ETF 期权数据

价值状态（moneyness）				
样本区间	ITM	ATM	OTM	总体
Sep.1～Sep.15	0. 156 1 （519）	0. 149 6 （46）	0. 049 4 （228）	0. 126 （793）
Sep.16～Sep.30	0. 282 9 （224）	0. 144 9 （110）	0. 059 （437）	0. 136 4 （771）

注：表中的数值表示的是相应观测样本内的期权价格的平均值，小括号内是样本容量，计价单位是人民币，样本区间是 2015 年 9 月 1 日至 30 日。

接下来，本书将利用处理过的数据来估计模型的风险中性参数。根据均方误差最小原理，估计过程由下面的两个步骤来完成：

首先，定义一个误差

$$\varepsilon_i = C_M(t, \tau_i, K_i) - C_T(t, \tau_i, K_i). \tag{4.28}$$

其中，τ_i，K_i 分别表示第 i 只期权的到期时间和敲定价格且 $i = 1, 2, \cdots, N$；N 表示样本容量，t 表示期权合约的交易时间，$C_M(t, \tau_i, K_i)$ 表示从市场上直接观察到的期权的市场价格，$C_T(t, \tau_i, K_i)$ 表示由定价公式（4.11）式所计算出来的期权价格。记 Θ 表示待估参数的集合，显然误差 ε_i 是 Θ 的函数，即 $\varepsilon_i = \varepsilon_i(\Theta)$。

其次，求解下面的优化过程

$$\Theta^* = \frac{1}{N}\arg\min_{\Theta} |\varepsilon_i(\Theta)|^2. \tag{4.29}$$

事实上，这一步可以直接利用 MATLAB 中的最优工具箱来完成。

按照上面的估计步骤，在相同样本内分别对 BS 模型和 FMLS 模型的风险中性参数进行了估计，结果如表 4-4 所示。表 4-4 中小括号内的数字表示待估参数的标准差，括号上方的值表示参数的估计值。根据表 4-4 的统计结果可以发现，基于 50ETF 数据估计出来的风险中性参数的方差比较大，尤其是 BS 模型的参数，导致这种现象的原因主要有两点：第一，50ETF 所对应的期权的市场价格比较小，这会对估计结果产生影响；第二，由于中国期权市场才兴起，期权数据存在缺失，理论模型不能很好地反映中国期权市场的现象，这也会对风险中性参数的估计产生影响。

另外，从表 4-4 中的结果还可以看出，用两个样本估计出来的 FMLS 模型的尾部指数的方差都比较小，这说明了由这两个期权样本估计出来的标的资产的风险中性分布不是正态的，而是有偏的厚尾分布。而表 4-4 中关于 BS 模型的风险中参数的估计方差相对较大的现象，也说明了这两个标的资产的风险中性分布也不是正态的。

表 4-4　FMLS 模型和 BS 模型的风险参数估计结果

参数	样本Ⅰ	样本Ⅱ
σ_{FMLS}	0. 079 1 (0. 005 1)	0. 15 -0. 927 9
α	1. 602 (0. 000 9)	1. 58 (0. 062 1)
σ_{BS}	0. 155 1 (0. 002 8)	0. 401 (1. 099)

注：表中所列的数值为 FMLS 模型和 BS 模型的风险中性参数的估计值与标准差（小括号内）。样本区间为 2015 年 9 月 1 日至 15 日。

接下来，我们将检验 FMLS 和 BS 模型的定价能力，本书用平均绝对百分比误差来度量模型的定价能力，平均绝对百分比误差的定义是（4. 28）式的绝对值除以相应样本期权的真实市场价格的平均值（期权的市场价格平均值见表 4-2 和表 4-3）。

表 4-5 和表 4-6 中分别呈现的是 FMLS 模型和 BS 模型在样本内和样本外的定价误差。表 4-5 和表 4-6 中的数据都说明了无论是基于 50ETF 对应的期权数据还是 SPX 所对应的期权数据，FMLS 模型的定价误差都要比 BS 模型的定价误差小。从模型的风险中性参数的估计结果来看，BS 模型的风险中性参数的方差要比 FMLS 模型的风险中性参数的方差大，这从侧面反映了标的资产（50ETF，SPX）的风险中性分布与极大负偏的 α 稳态分布更加接近，所以 FMLS 模型要比 BS 模型具有更好的定价能力。

从表 4-5 和表 4-6 还可以发现，FMLS 模型和 BS 模型在以 50ETF 期权数据为样本时的定价误差都要大于以 SPX 期权数据为样本时的定价误差，这同中国期权市场现状有着密不可分的关系。由前面的总结可知，相对于 SPX 期权来说，50ETF 期权的流动性较差，内生体系还不够完善，以至于还不能和理论值进行很好的匹配。

表 4-5　FMLS 模型和 BS 模型的样本内定价误差

模型	样本Ⅰ			样本Ⅱ		
	ITM	ATM	OTM	ITM	ATM	OTM
FMLS	9.377%	7.601%	21.78%	10.47%	12.98%	25.01%
BS	11.03%	8.929%	30.51%	12.13%	18.07%	34.79%

注：样本区间为 2015 年 9 月 1 日至 15 日；表中所列的数据是 FMLS 模型和 BS 模型定价的平均绝对百分比误差。

表 4-6　FMLS 模型和 BS 模型的样本外定价误差

模型	样本Ⅰ			样本Ⅱ		
	ITM	ATM	OTM	ITM	ATM	OTM
FMLS	12.31%	16.90%	25.41%	11.35%	14.98%	33.82%
BS	13.74%	18.38%	35.51%	14.97%	20.92%	43.51%

注：样本区间为 2015 年 9 月 16 日至 30 日；表中所列的数据是 FMLS 模型和 BS 模型定价的平均绝对百分比误差。

为了体现 FMLS 模型捕捉期权隐含波动率的能力，本书从 FMLS 模型中提取隐含波动率。提取方法为：将估计好的风险中性参数代入 FMLS 模型中计算出理论价格，然后将计算出来的理论价格代入 BS 模型的定价公式中反解出隐含波动率，图 4-6 和图 4-7 中的隐含波动率曲线分别是由 SPX 的期权样本和 50ETF 的期权样本计算所得的。

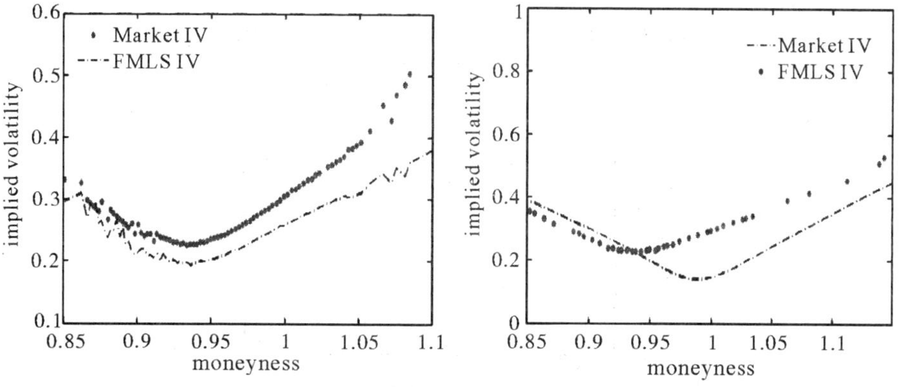

（a）到期日为 15 天　　（b）到期日为 56 天

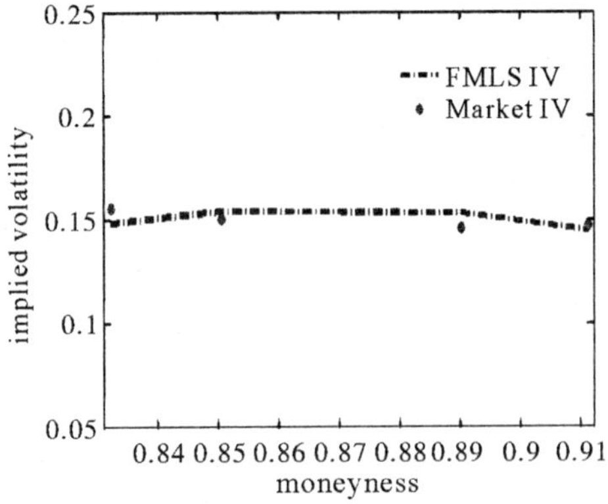

（c） 到期日为 72 天

图 4-6　SPX 的隐含波动率曲线

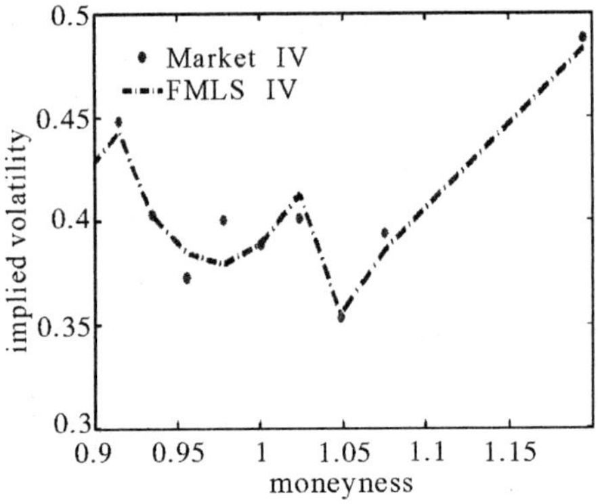

（a） 到期日为 9 天

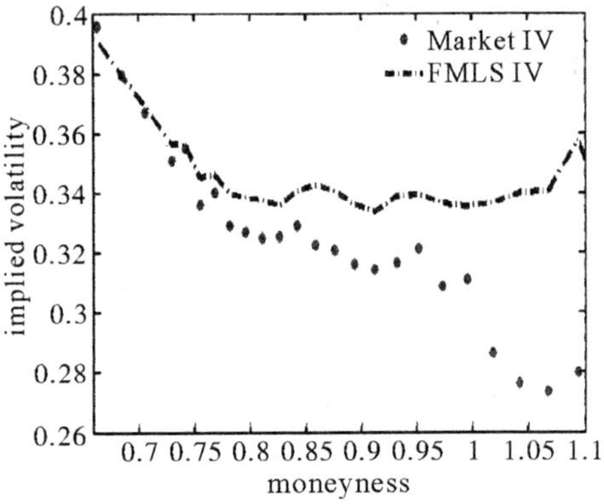

（b） 到期日为 50 天

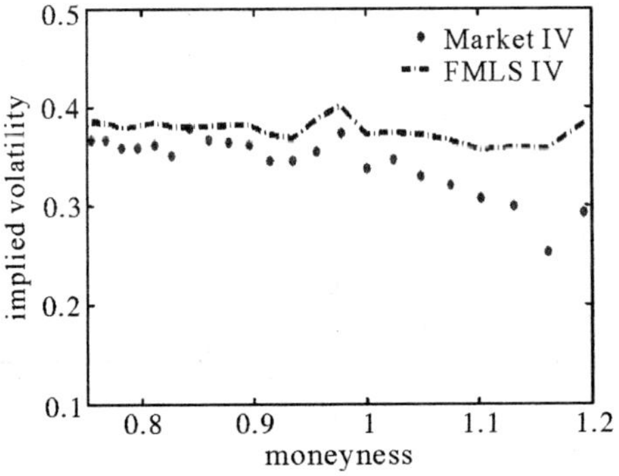

（c） 到期日为 133 天

图 4-7　50ETF 的隐含波动率曲线

从图 4-6 和图 4-7 中可以直观地看到期权合约的时间越短，期权的隐含波动率随着期权价值状态的变化就越明显；而期权合约的时间越长，则期权的隐含波动率对期权价值状态的反应就越迟钝。产生这个现象的原因是距离到期日越近的期权，其交易就会越频繁，从而导致很大的波动率；相反，对于距离到期日越远的合约，其交易就不会很频繁，以至于隐含波动率相对较小和平缓。图 4-6 和图 4-7 中的曲线也表明了 FMLS 模型确实能够捕捉到期权隐含波动率“微笑”曲线。

三、对冲误差实证分析

前面我们已经得到 FMLS 框架下的欧式看涨期权不连续时间的方差最优对冲策略，并且给出了方程最优对从策略的具体算法，在此要用实际数据来对 FMLS 模型下的方差最优对冲策略进行检测。

继续沿用上面的样本（样本Ⅰ和Ⅱ）来做对冲误差的实证分析。准确地讲，空头方在初始时刻以 C_0 的价格卖出一张以 K 为执行价格、T 为到期日的欧式看涨期权合约；在期权合约有效的这段时间，该出售方会根据标的资产价格的变化来决定对标的资产的持有份额，以使得期权本金与累积收益的和尽可能地接近期权到期时刻的终值。所以，一般情况用下面的式子来衡量对冲误差

$$\xi(\Delta,\ K) = \left| C_0 + \sum_{t=0}^{[T/\Delta]-1} \mathfrak{D}_{t\Delta}[S_{(t+1)\Delta}e^{-r(t+1)\Delta} - S_{t\Delta}e^{-rt\Delta}] - e^{-rT}(S_T - K)^+ \right|. \tag{4.30}$$

其中，$\mathfrak{D}$ 表示期权出售方做交易策略的时间间隔，在具体的实证分析中我们取对冲间隔为一天。

本书将用平均百分比对冲误差（mean absolute percentage hedging error，简记为 MAPHE）来度量不同对冲策略的对冲能力，其定义如下

$$\text{MAPHE} = \frac{\xi(\Delta,\ K)}{MV}. \tag{4.31}$$

其中，MV 表示相应期权样本的市场价格的平均值。为了进行对比分析，本书同时呈现出 FMLS 模型的方差最优对冲策略的 MAPHE，FMLS 模型和 BS 模型的 Delta 对冲策略的 MAPHE，如图 4-8 至图 4-11 所示。图中五角星表示 BS 模型 Delta 对冲策略的 MAPHE，虚线表示 FMLS 模型 Delta 对冲策略的 MAPHE，点实线表示 FMLS 模型的方差最优对冲策略的 MAPHE。

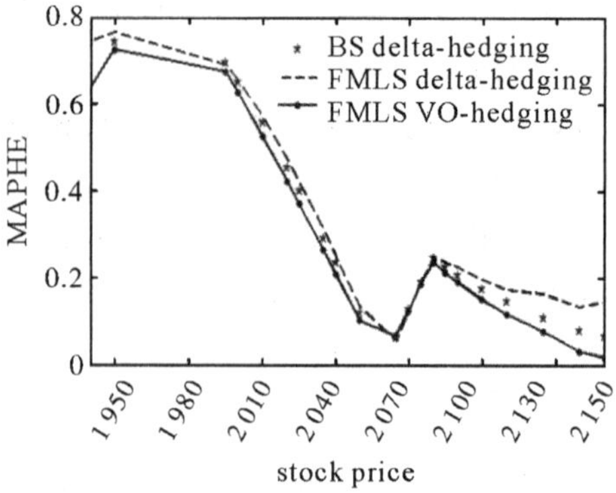

图 4-8　到期日为 23 天的期权合约的
平均绝对百分比误差（MAPHE），标的为 SPX

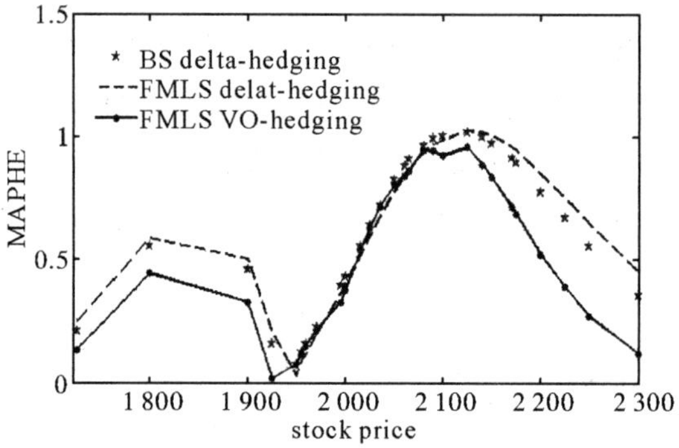

图 4-9　到期日为 83 天的期权合约的
平均绝对百分比误差（MAPHE），标的为 SPX

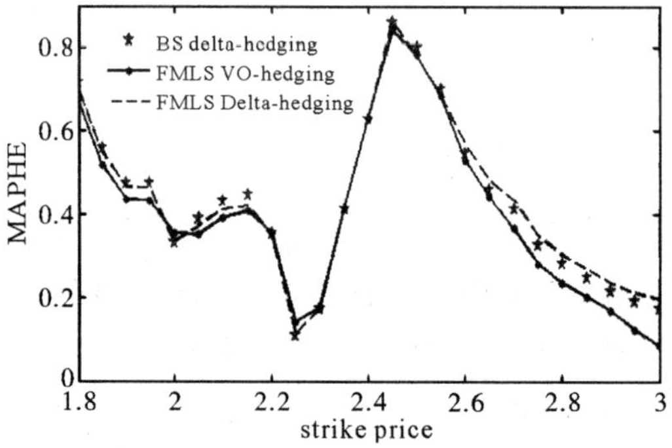

图 4-10　到期日为 60 天的期权合约的
平均绝对百分比误差（MAPHE），标的为 50ETF

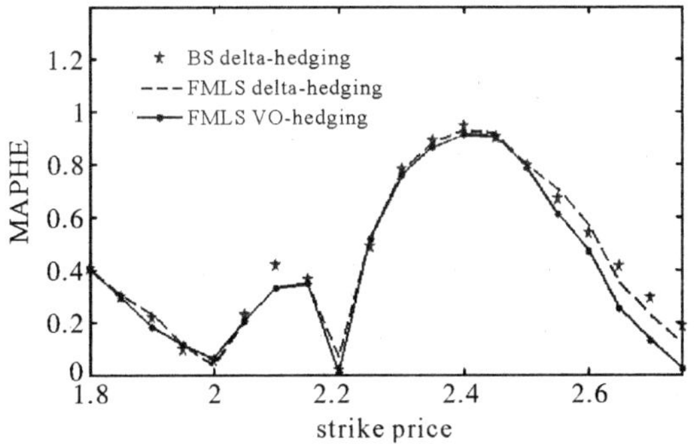

图 4-11 到期日为 115 天的期权合约的
平均绝对百分比误差（MAPHE），标的为 50ETF

图 4-8 至图 4-11 中，平均绝对百分比误差曲线都共同反映了一个事实：FMLS 模型下的方差最优对冲策略要比 FMLS 模型和经典的 BS 模型的 Delta 对冲策略要好。这个结论与文献［63］的结论是相符的，同时这也验证了本章给出的关于 FMLS 模型的方差最优对冲策略的算法是有效的，但对于 FMLS 模型和 BS 模型的 Delta 对冲策略却无法做出比较。

接下来，本书将基于不同的样本对误差图进行分析。从理论上来讲，随着期权合约的时间越来越长，Delta 对冲策略的对冲效果会越来越差，图 4-8 至图 4-11 中误差曲线能很好地反映这个事实。这也意味着虽然 FMLS 模型没有 BS 模型那么简洁，但是 FMLS 模型对未来不确定性的捕捉要优于 BS 模型；而且随着未来不确定性因素增多，FMLS 模型的优势会更加明显。另外，图 4-8 至图 4-11 中误差曲线还反映了方差最优对冲策略要比 Delta 对冲策略的适用范围更加广泛。

第五节 本章小结

本书在这一章中，首先，根据卷积定价原理得到了 FMLS 框架下欧式看涨期权的定价公式，相应的数值实验表明本书所得到的定价公式是有效的。其次，基于所得到的期权定价公式，笔者求出了该模型下的不连续时间的方差最优对冲策略。因为在假设股票服从 FMLS 模型前提下，股票的对数形式是没有高阶矩的，那么现有文献中求不连续时间的方差最优对冲策略的算法不能应用于本章中，所以本章为 FMLS 模型下方差最优对冲策略设计了一个算法，并从理论上证明了本书给出的算法是有效的。

从第四节的实证分析结果可以得到：首先，无论是在原概率测度下还是风险中性概率测度下，风险资产的分布情况都要偏向于 FMLS 模型；其次，无论是 50ETF 还是 SPX 对应的期权数据为样布，FMLS 模型的表现（定价误差、对冲误差）都要优于 BS 模型；最后，若以样本作为观测点，FMLS 模型和 BS 模型在以 SPX 期权数据为样本的表现要好于以 50ETF 期权数据为样本的表现。

第五章　基于 FMLS 模型的股票抵押定价研究

第一节　本章导言

从本章开始，我们将研究股票抵押合同的价值及最佳赎回价格。在文献综述中已经提到，目前针对股票抵押定价这类衍生产品的研究大多数都是在 BS 框架下或者在该框架下引入其他条件，然而这并不足以反映真实的现象，必须从最基本的驱动方程上进行研究。因此，为了能更好地逼近市场，本章我们在 FMLS 框架下对具有有限到期日的股票抵押合同进行研究。

基于 FMLS 模型的股票抵押定价模型是一个具有分数阶导数的偏微分方程的边值问题。为消除自由边界，我们在模型的目标方程中引入一个非线性的惩罚项，并在此基础上建立具有一阶精度的有限差分格式。为了保证在引入惩罚项后不改变原有模型的特征，本章在数值格式的基础上证明了持有合同的价值不会低于提前执行合同的价值。这个结论的证明进一步拓宽了基于惩罚函数的有限差分方法自由边界问题中的运用。另外，为提高计算效率，本章用 FBi-CGSTAB 来处理最后的线性方程组。在数值算例中，我们首先对数值格式进行了检查，其次分析模型中重要参数对股票抵押合同价值及最佳赎回策略的影响。

第二节　定价模型

一、股票的驱动方程

由第三章第二节中的内容可知在 FMLS 框架下，股票价格的对数形式，即 $x_t = \ln(S_t)$，可由下面的随机微分方程给出

$$\mathrm{d}\,x_t = (r - D - \nu)\,\mathrm{d}t + \sigma \mathrm{d}\,L_t^{\alpha,-1}. \tag{5.1}$$

参数 r，D，ν，σ 与第三章中的含义相同。为了能够直观看 FMLS 的分布特征，在此笔者将根据前文的介绍来探讨方程（5.1）式中的随机变量 $\sigma \mathrm{d}\,L_t^{\alpha,-1}$ 的分布特征，为方便表达，记 $Z = \sigma \mathrm{d}\,L_t^{\alpha,-1}$。

由于随机变量 Z 的密度函数和分布函数都没有解析表达式，我们从该随机变量的特征函数来提取该随机变量的分布信息。由（3.20）式和（3.21）式得到随机变量 Z 的特征函数，表示为

$$\Phi_z(x) = \exp\left[-(i\omega\sigma)^{\alpha}\mathrm{d}t\sec\frac{\pi\alpha}{2}\right].$$

因为标的资产的风险中性概率密度函数和概率分布函数直接影响金融衍生产品（股票抵押、期权、期货等）的价值及其他属性，而在 FMLS 模型下参数 α 和 σ 又决定了标的资产的风险中性分布。所以在这里，我们通过改变参数 α 和 σ 的值来观察随机变量 Z 的密度函数和分布函数做出的反映，以便为本章第四节中的数值分析提高有力保障。由图 3-1 和图 3-2 中曲线的走势可以判断，相对于正态分布来说随机变量 $\sigma \mathrm{d}\,L_t^{\alpha,-1}$ 的分布曲线会具有厚尾的现象，并且分布是不对称。随机变量 $\sigma \mathrm{d}\,L_t^{\alpha,-1}$ 分布曲线的尾部形状由参数 α 的大小所决定，α 的值越大，分布曲线尾部就越薄；α 的值越小，分布曲线尾部就越厚。

接下来看参数 σ 对随机变量 Z 的密度函数和分布函数的影响，本章依然根据第三章预备知识中关于 α 稳态随机变量的密度函数和分布函数的算法来绘制随机变量 Z 的密度函数和分布函数的图像，如图 5-1 所示。因为 $\sigma \mathrm{d}\,L_t^{\alpha,-1} \sim L_\alpha(2, \sigma \mathrm{d}\,L_t^{\alpha,-1}, -1)$，在其他参数不变的情况下，随机变量 $\sigma \mathrm{d}\,L_t^{\alpha,-1}$ 的尺度参数 $\sigma \mathrm{d}\,t^{1/\alpha}$ 的值随 σ 值的增大单调递增。因为，尺度参数越大意味着随机变态量的变动就越大，并且随机变量的统计误差也会随之增大；尺度参数越小随机变量的分布就会越集中。为此，不难发现随着参

数 σ 值的增大，随机变量 $\sigma \mathrm{d}\, L_t^{\alpha,-1}$ 的分布会越扩散；参数 σ 值的越小，随机变量 $\sigma \mathrm{d}\, L_t^{\alpha,-1}$ 的分布会越集中，如图 5-1（a）和图 5-1（b）所示，这些非常直观的结论有助于对数值模拟的定性分析。值得注意的是，参数 σ 的作用类似于几何布朗运动中股票收益波动率的作用，但是在这里，参数 σ 并不是股票收益的波动率，因为在 FMLS 模型下股票价格的对数形式是不存在高阶矩的。

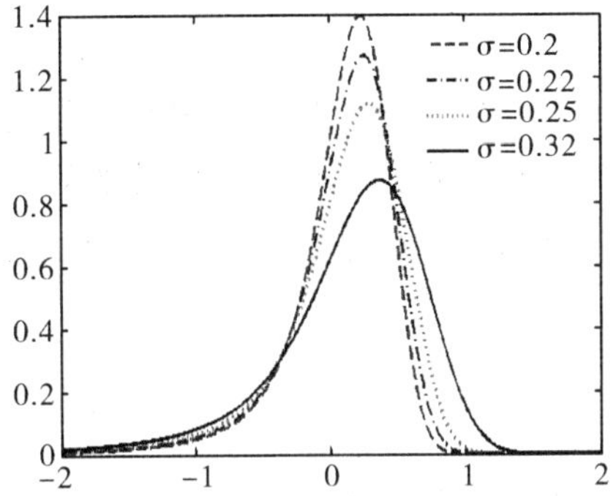

（a）密度函数图像

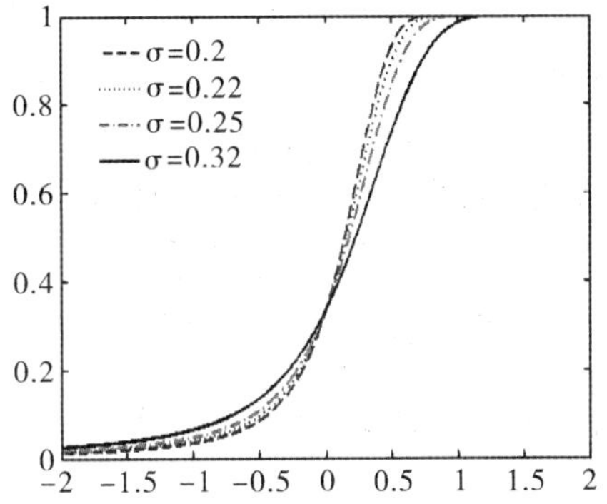

（b）分布函数图像

注：$dt = 1$，$\alpha = 1.3$

图 5-1　不同参数 σ 下的随机变量 $\sigma \mathrm{d}\, L_t^{\alpha,-1}$ 的密度函数图像

二、股票抵押合同价值的驱动方程

根据具有有限到期日的股票抵押定价合同的基本性质可知，该类衍生产品类似于一个具有时变敲定价格 $K\exp(-\gamma\Delta t)$ 的美式看涨期权，其中 K 表示贷款本金，$\gamma(\gamma > r)$ 表示贷款利率，于是该衍生产品的支付函数为

$$\Pi(x,\ T;\ \alpha) = \max(e^x - K e^{\gamma T},\ 0). \tag{5.2}$$

另外，在每一个时间点又存在一个特殊的风险资产价格把该时间点上的所有标的资产的值分成两个区域：持有区域（合同持有者选择继续持有股票抵押合同）、执行区域（合同持有者选择赎回股票）。这个特殊值就是股票抵押合同的最佳赎回价格（亦称为最近赎回策略）记为 $x_f(x_f = \ln S_f)$。那么，由无套利定价原理可得 t 时刻股票抵押的价值为

$$V(x,\ t;\ \alpha) = e^{-r(T-t)}\tilde{E}_t[\Pi(x,\ t;\ \alpha)]. \tag{5.3}$$

其中，$\tilde{E}_t$ 风险中性下的条件期望算子。那么按照第三章第二节可得股票抵押合同价值 $V(x,\ t;\ \alpha)$ 所满足的分数阶偏微分方程

$$\frac{\partial V(x,\ t;\ \alpha)}{\partial t}+(r-D-\nu)\frac{\partial V(x,\ t;\ \alpha)}{\partial x}+$$

$$\nu\ {}_{-\infty}D_x^{\alpha}\partial V(x,\ t;\ \alpha)=rV(x,\ t;\ \alpha). \tag{5.4}$$

其中 $1<\alpha<2$, $x\in(-\infty,\ x_f]$，且

$$_{-\infty}D_x^{\alpha}V(x,\ t;\ \alpha)=\frac{1}{\Gamma(2-\alpha)}\frac{\partial^m}{\partial x^m}\int_{-\infty}^{x}\frac{V(z,\ t;\ \alpha)}{(x-z)^{\alpha-m+1}}\mathrm{d}z. \tag{5.5}$$

（5.5）式称为 α 阶的左侧 Riemann-Liouville 分数阶导数，其中 m 是一个正整数，并且 $m-1\leqslant\alpha<m$。

事实上，α 阶的左侧 Riemann-Liouville 分数阶导数是由 FMLS 过程所诱导出来的。由分数阶导数的表达式可以看出，在某个确定点的分数阶导数需要用到该点左边点的信息，这点就刚好对于股票具有一定的长期记忆性。另外，分数阶导数还能反映股票价格异常的运动轨迹。

三、定价模型的边界条件

在这里，我们将根据具有有效到期日的股票抵押合同的特点给出定价模型的边界条件。

首先，当股票的市场价格下跌很低或者处于跌停状态时（在这里为了数学上表述的方便，我们假设股票价格趋于0)，那么在这个时候该合同对于一个投资者来说基本上没有任何价值，由此可以得到以下的左边界条件：

$$\lim_{x\to-\infty}V(x,\ t;\ \alpha)=0. \tag{5.6}$$

其次，在 FMLS 框架下，尾部指数 α 只与风险资产的各阶矩有关，因此，股票抵押合同的最佳赎回策略独立于尾部指数 α。于是股票抵押价值 $V(x,\ t;\ \alpha)$ 在曲线上 $x_f(t)$ 的连续性将保证股票价值 $V(x,\ t;\ \alpha)$“光滑通过”自由边界 $x_f(t)$，因此，类似于经典 BS 框架下的美式看涨期权的自由边界条件的设定，可以得到下面的两个边界条件：

$$V(x_f,\ t;\ \alpha)=e^{x_f}-Ke^{\gamma t}. \tag{5.7}$$

$$\frac{\partial V(x_f,\ t;\ \alpha)}{\partial x}=S_f=e^{x_f}. \tag{5.8}$$

最后，如果抵押合同能够持续到合同终止日期，那么投资者只有在获利的情况下才会选择执行合同，于是可得下面的终值条件

$$V(x,\ T;\ \alpha)=\max(e^x-Ke^{\gamma T},\ 0). \tag{5.9}$$

综上所述，我们就得到一个完备的数学模型。另外，为方便起见，本章将省略函数 $V(x, t; \alpha)$ 中的 α 。

$$\frac{\partial V(x, t)}{\partial t} + (r - D - \nu) \frac{\partial V(x, t)}{\partial x} + \nu_{-\infty} D_x^{\alpha} \partial V(x, t) = rV(x, t). \tag{5.10}$$

$$\lim_{x \to -\infty} V(x, t) = 0. \tag{5.11}$$

$$V(x_f, t) = e^{x_f} - K e^{\gamma t}. \tag{5.12}$$

$$\frac{\partial V(x_f, t)}{\partial x} = S_f = e^{x_f}. \tag{5.13}$$

$$V(x, T) = \max(e^x - K e^{\gamma T}). \tag{5.14}$$

这里注意到，由于可提前执行的条件，因此股票抵押的价值在合同规定范围内的任何时刻是不会低于支付函数的值，亦即

$$V(x, t) \geqslant \max(e^x - K e^{\gamma T}, 0). \tag{5.15}$$

其中 $x \leqslant x_f$，$0 \leqslant t \leqslant T$ 。

四、坐标变换

在数值模拟中，我们因为发现边界条件（5.12）式~（5.14）式中的时间因子 $e^{\gamma t}$ 会对数值结果产生影响，所以引入下面的坐标变换以消除该时间因子。令

$$y = x - \gamma t,\ e^{\gamma t} V(x, t) = U(y, t),\ y_f = x_f - \gamma t \tag{5.16}$$

于是

$$\begin{aligned} \frac{\partial V(x, t)}{\partial t} &= \gamma e^{\gamma t} U(x, t) + e^{\gamma t} \frac{\partial U(x, t)}{\partial t} + e^{\gamma t} \frac{\partial U(x, t)}{\partial y} \frac{\partial y}{\partial t} \\ &= \gamma e^{\gamma t} U(x, t) + e^{\gamma t} \frac{\partial U(x, t)}{\partial t} - e^{\gamma t} \frac{\partial U(x, t)}{\partial y} \frac{\partial y}{\partial t}. \end{aligned} \tag{5.17}$$

$$\frac{\partial V(x, t)}{\partial x} = e^{\gamma t} \frac{\partial U(x, t)}{\partial y} \frac{\partial y}{\partial x} = e^{\gamma t} \frac{\partial U(x, t)}{\partial y}. \tag{5.18}$$

$$\begin{aligned} {}_{-\infty} D_x^{\alpha} V(x, t) &= \frac{1}{\Gamma(2 - \alpha)} \frac{\partial^m}{\partial x^m} \int_{-\infty}^{x} \frac{V(z, t)}{(x - z)^{a-m+1}} dz \\ &= \frac{1}{\Gamma(2 - \alpha)} \frac{\partial^m}{\partial y^m} \int_{-\infty}^{y+\gamma t} \frac{V(z, t)}{(y + \gamma t - z)^{a-m+1}} dz \\ &= \frac{e^{\gamma t}}{\Gamma(2 - \alpha)} \frac{\partial^m}{\partial y^m} \int_{-\infty}^{y+\gamma t} \frac{e^{-\gamma t} V(z, t)}{[y - (z - \gamma t)]^{a-m+1}} dz \end{aligned}$$

若令 $s = z - \gamma t$ ，则

$$
\begin{aligned}
{}_{-\infty}D_x^{\alpha}V(x,\ t) &= \frac{e^{\gamma t}}{\Gamma(2-\alpha)}\frac{\partial^m}{\partial y^m}\int_{-\infty}^{y}\frac{e^{-\gamma t}V(s+\gamma t,\ t)}{(y-s)^{a-m+1}}ds \\
&= \frac{e^{\gamma t}}{\Gamma(2-\alpha)}\frac{\partial^m}{\partial y^m}\int_{-\infty}^{y}\frac{U(s,\ t)}{(y-s)^{a-m+1}}ds \\
&= {}_{-\infty}D_y^{\alpha}U(y,\ t). \qquad (5.19)
\end{aligned}
$$

将（5.17）式~（5.19）式代入（5.10）式，并且把所有的边界条件（5.11）式~（5.14）式都作相应的变换，于是

$$\frac{\partial U(y,\ t)}{\partial t} + a\frac{\partial U(y,\ t)}{\partial x} + \nu\,{}_{-\infty}D_x^{\alpha}U(y,\ t) + (\gamma - r)U(y,\ t) = 0, \qquad (5.20)$$

$$\lim_{y\to-\infty}U(y,\ t) = 0. \qquad (5.21)$$

$$U(y_f,\ t) = e^{y_f} - K. \qquad (5.22)$$

$$\frac{\partial U(y_f,\ t)}{\partial x} = e^{y_f}. \qquad (5.23)$$

$$U(y,\ T) = \max(e^{y} - K,\ 0). \qquad (5.24)$$

其中，$y_f = x_f - \gamma t$ ，$a = (r - \gamma - D - \nu) < 0$。另外，此时不等式（5.15）式变为

$$U(y,\ T) \geqslant \max(e^{y} - K,\ 0). \qquad (5.25)$$

$y \leqslant y_f,\ 0 \leqslant t \leqslant T$ 。

事实上，由模型（5.20）式~（5.24）式可知，$U(y,\ t)$ 可以视为 FMLS 框架下的以 e^y 为标的，K 为敲定价格以及 e^{y_f} 为最佳执行边界的美式看涨期权。模型中左侧分数阶微分算子和未知自由边界的存在，使得我们几乎不可能找到模型的解析解，因此，接下来我们将通过引入惩罚函数的方法将模型的边界固定并建立相应的数值算法来求解模型。

第三节　惩罚方法

一、模型转换

为了将数学模型（5.20）式~（5.24）式中的自由边界 e^y 去掉，本章引入如下的惩罚函数[64]

$$\frac{\varepsilon C}{U_\varepsilon(y,\ t)+\varepsilon-q(y)}. \tag{5.26}$$

其中

$$q(y)=e^y-K,$$

$0<\varepsilon\ll 1$ 是一个无穷小的正则化常数，C 是一个待定参数。

若把惩罚项（5.26）式加入分数阶偏微分方程（5.20）式，那么可以得到一个定义在固定区域的数学模型

$$\frac{\partial U_\varepsilon(y,\ t)}{\partial t}+a\frac{\partial U_\varepsilon(y,\ t)}{\partial x}+\nu\,{}_{-\infty}D_x^\alpha U_\varepsilon(y,\ t)+\frac{\varepsilon C}{U_\varepsilon(y,\ t)+\varepsilon-q(y)}$$

$$+(\gamma-r)U_\varepsilon(y,\ t)=0. \tag{5.27}$$

$$\lim_{y\to-\infty}U_\varepsilon(y,\ t)=0. \tag{5.28}$$

$$U_\varepsilon(y_{\max},\ t)=e^{y_{\max}}-K. \tag{5.29}$$

$$U_\varepsilon(y,\ T)=\max(e^y-K,\ 0). \tag{5.30}$$

其中，$t\in[0,\ T]$，$y\in(-\infty,\ y_{\max}]$，$e^{y_{\max}}$ 表示标的资产价格的最大值。根据 Wilmott 等[15]的估计，一般情况下股票价格的最大值是敲定价格的三倍或者四倍，因此，本书取 $e^{y_{\max}}=3K$，即 $y_{\max}=\ln(3K)$。另外为方便起见，本书将略去下标 ε。

二、全隐格式

事实上，在模型（5.27）式~（5.30）式的驱动方程中含有一个关于目标函数的非线性项，以至于无法求出该模型的解析解，因此，在这部分我们为变换后的模型（5.27）式~（5.30）式建立相应的数值格式。另外，由于数值格式的稳定性分析和误差阶分析都依赖于所引入的惩罚项，因而该惩罚项关于函数 U 是非线性的，并且不满足利普希兹条件，这就使得很难从理论上对所建立的数值格式进行稳定性分析和误差分析，于是为了保证数值格式的稳定性，我们采用一阶的全隐格式对模型进行离散。

特别地，取 Δy 作为空间步长，那么存在一个正整数 M 使得 $M\Delta y=y_{\max}$；取 $\Delta t=T/N$ 为时间步长，N 是正整数，于是

$$y_j=(j-1)\Delta y,\ t_i=(i-1)\Delta t,$$

其中 $j=\cdots,\ -1,\ 0,\ 1,\ \cdots,\ M+1$；$i=1,\ 2,\ \cdots,\ N+1$。对于一阶的空间导数和时间导数，本书分别采用迎风格式和向前欧拉格式，即

$$\frac{\partial U(y_j, t_i)}{\partial x} = \frac{U(y_j, t_i) - U(y_{j-1}, t_i)}{\Delta x} + O(\Delta y),$$

$$\frac{\partial U(y_j, t_i)}{\partial t} = \frac{U(y_j, t_{i+1}) - U(y_j, t_i)}{\Delta t} + O(\Delta t).$$

另外，本章采用 Grünwal-Letnikov 公式[53,65]对分数阶导数进行离散

$$_{-\infty}D_x^{\alpha} U_j^i = \frac{1}{(\Delta y)^{\alpha}} \sum_{k=0}^{\infty} g_k U_{j-k+1}^i + O(\Delta y),$$

其中，g_k 是分数阶微分系数

$$g_k = (-1)^k \binom{\alpha}{k}, \quad \binom{\alpha}{k} = \frac{\alpha(\alpha-1)\cdots(\alpha-k+1)}{k!}. \tag{5.31}$$

综上，忽略误差阶后可以得到方程（5.27）式的全隐格式

$$\frac{U_j^{i+1} - U_j^i}{\Delta t} + a\frac{U_j^i - U_{j-1}^i}{\Delta y}$$

$$+ \frac{v}{(\Delta y)^{\alpha}} \sum_{k=0}^{\infty} g_k U_{j+1-k}^i + (\gamma - r) U_j^i + \frac{\varepsilon C}{U_j^i + \varepsilon - q_j^i} = 0. \tag{5.32}$$

边界条件为

$$\lim_{x \to -\infty} U_j^i = 0, \qquad U_{M+1}^i = e^{y_{\max}} - K, \qquad U_j^{N+1} = \max(e^{y_j} - K, 0)$$

其中，U_j^i 表示函数 $U(y, t)$ 在网格点 (y_j, t_i) 上的近似值。

为了保证变换后的模型（5.27）式~（5.30）式的解仍然满足原有模型所具有的性质，我们将基于数值格式（5.32）式证明不等式约束（5.25）式是成立的，即

$$U_j^i \geqslant \max(e^{y_j} - K, 0) = \max(q_j, 0).$$

事实上，这个不等式的证明是本章主要理论贡献之一。在给出详细证明之前，先给出以下的引理。

引理 5.1 当 $1 < \alpha < 2$，分数阶微分系数 g_k 满足下面的关系式[63]

$$g_0 = 1, g_1 = -\alpha, 0 \leqslant \cdots \leqslant g_3 \leqslant g_2 \leqslant 1, \sum_{k=0}^{\infty} g_k = 0,$$

定理 5.1 如果

$$C \geqslant (\gamma - r) e^{y_{\max}} + |a| e^{y_{\max}} \frac{e^{y_{\max}} - 1}{y_{\max}} + v\frac{(e^{y_{\max}} - 1)^{\alpha}}{(e^{y_{\max}})^{\alpha}}. \tag{5.33}$$

且离散格式（5.32）式的时间步长满足 $\Delta t < 1/(\gamma - r)$，那么由隐格式（5.32）式所得到的数值解 $\{U_j^i\}$ 满足下面的不等式

$$U_j^i \geqslant \max(q_j, 0). \tag{5.34}$$

其中，$j=-\infty, \cdots, -2, -1, 0, \cdots, M+1, i=N+1, N, \cdots, 1$。

证明　由（5.32）式可得

$$\left[1+r\Delta t+\frac{a\Delta t}{(\Delta x)}-\frac{\nu\Delta t}{(\Delta x)^{\alpha}}g_1\right]U_j^i=U_j^{i+1}+\left[\frac{a\Delta t}{(\Delta x)}+\frac{\Delta t\nu}{(\Delta x)^{\alpha}}g_0\right]U_{j+1}^i$$
$$+\frac{\Delta t\nu}{(\Delta x)^{\alpha}}\sum_{k=2}^{\infty}g_k U_{j-k+1}^i+\frac{\varepsilon C}{U_j^i+\varepsilon-q_j}. \tag{5.35}$$

我们的目的是要证明 $U_j^i \geqslant \max(q_j, 0)$，分两步来完成，首先证明 $U_j^i \geqslant q_j$。若令

$$u_j^i=U_j^i-q_j. \tag{5.36}$$

那么，证明 $U_j^i \geqslant q_j$ 就转为证明 $u_j^i \geqslant 0$。由边界条件 $U_j^{N+1}=\max(e^{y_j}-K, 0)$ 可以判断对于所有的 j，$u_j^{N+1}=U_j^{N+1}-q_j$ 都成立，把（5.36）式代入（5.35）式可得

$$\left[1+(r-\gamma)\Delta t+\frac{a\Delta t}{\Delta x}-\frac{\Delta t\nu}{(\Delta x)^{\alpha}}g_1\right]u_j^i=u_j^{i+1}-\frac{a\Delta t}{(\Delta x)}u_{j-1}^i$$
$$+\frac{\Delta t\nu}{(\Delta x)^{\alpha}}\sum_{k=2}^{\infty}g_k u_{j-k+1}^i+\frac{{}_{\epsilon}C}{u_j^i+\epsilon}-\Delta tE(j)\ . \tag{5.37}$$

其中

$$E(j)=\frac{(r-\gamma)\Delta t\, q_j}{\Delta t}+\frac{a}{\Delta y}(q_{j-1}-q_j)-\frac{\nu}{(\Delta y)^{\alpha}}\sum_{k=0}^{\infty}g_k q_{j-k+1}$$
$$=-(\gamma-r)e^{y_j}+\frac{a}{\Delta y}(e^{y_{j-1}}-e^{y_j})-\frac{\nu}{(\Delta y)^{\alpha}}\sum_{k=0}^{\infty}g_k e^{y_{j+1-k}}$$

因为 $\left|\frac{e^{\Delta y}-1}{\Delta y}\right| \leqslant \frac{e^{y_{\max}}-1}{y_{\max}}$，$\sum_{k=0}^{\infty}g_k=0$，所以

$$|E(j)| \leqslant (\gamma-r)e^{y_{\max}}+|a|e^{y_{\max}}\frac{e^{y_{\max}}-1}{y_{\max}}+\left|\frac{\nu}{(\Delta y)^{\alpha}}\sum_{k=0}^{\infty}g_k e^{y_{j+1-k}}\right|$$

另外，$\sum_{k=0}^{\infty}g_k e^{y_{j-k+1}}=e^{y_{j+1}}\sum_{k=0}^{\infty}g_k e^{-k\Delta y}$，并且由文献［66］可知，对于任意 $|z| \leqslant 1$，$(1-z)^{\alpha}=\sum_{k=0}^{\infty}g_k z^k$，则有

$$\left|\frac{v}{(\Delta y)^{\alpha}}\sum_{k=0}^{\infty}g_k e^{-k\Delta y}\right|=\left|v\frac{(1-e^{-\Delta y})^{\alpha}}{(\Delta y)^{\alpha}}\right| \leqslant \nu$$

综上，可以得到下面的不等式

$$|E(j)| \leqslant (\gamma - r)e^{y_{\max}} + |a|e^{y_{\max}}\frac{e^{y_{\max}} - 1}{y_{\max}} + v\frac{(e^{y_{\max}} - 1)^{\alpha}}{(e^{y_{\max}})^{\alpha}}. \quad (5.39)$$

定义

$$u^i = \min_j u_j^i,$$

并且令 J 是使得 $u_J^i = u^i$ 的角标。那么由（5.38）式可得

$$\left(1 + r\Delta t + \frac{a\Delta t}{\Delta x} - \frac{v\Delta t}{(\Delta x)^{\alpha}}g_1\right)u^i \geqslant u_J^{i+1} + \frac{a\Delta t}{\Delta x}u^i + \frac{\Delta tv}{(\Delta x)^{\alpha}}\sum_{k=0,\ k\neq 1}^{\infty} g_k u^i + \frac{\epsilon C}{u^i + \epsilon} - \Delta tE(J),$$

化简后得

$$(1 + r\Delta t)u^i - \frac{\epsilon\Delta tC}{u^i + \epsilon} + \Delta tE(i,\ J) \geqslant u_J^{i+1} \geqslant u^{i+1}. \quad (5.40)$$

定义一个函数

$$H(x) = (1 + r\Delta t)x - \frac{\varepsilon\Delta tC}{u^i + \varepsilon} + \Delta tE(J)$$

假设 $u^{i+1} \geqslant 0$，那么由（5.40）式可得

$$H(u^i) \geqslant 0$$

由定理 5.1 中的假设条件（5.33）式可知

$$H(0) = \Delta t(E(J) - C) \leqslant 0$$

又 $\Delta t \leqslant 1/\gamma - r$，所以

$$H'(u^i) = 1 + r\Delta t + \frac{\epsilon\Delta tC}{(u^i + \epsilon)^2} > 0$$

由此可知，函数 $H(x)$ 单调递增，并且 $H(0) \leqslant 0$，所以 $u^i \geqslant 0$，于是 $u_j^i \geqslant u^i \geqslant 0$。又 $u_j^{N+1} \geqslant 0$，所以根据数学归纳法可知对于任意的 i，j，$u_j^i \geqslant 0$ 成立，至此我们证明了

$$U_j^i \geqslant q_j, \quad (5.41)$$

接下来将证明 $U_j^i \geqslant 0$。按照第一步的证明思路，定义

$$U^i = \min_j U_j^i,$$

令 J 是使得 $U_J^i = U^i$ 的角标。若取（5.35）式中的角标都等于 J，于是

$$\left[1 + (r - \gamma)\Delta t - \frac{a\Delta t}{(\Delta x)^{\alpha}}g_1\right]U^i \geqslant U^{i+1} +$$

$$\left[\frac{a\Delta t}{\Delta x}+\frac{\Delta tv}{(\Delta x)^{\alpha}}g_0\right]U^i+\frac{\Delta tv}{(\Delta x)^{\alpha}}\sum_{k=2}^{\infty}g_k U^i+\frac{\epsilon C}{U_J^i+\epsilon-q_J^i}. \tag{5.42}$$

经化简整理后得到

$$[1+(r-\gamma)\Delta t]U^i \geqslant U^{i+1}+\frac{\epsilon\Delta tC}{U_J^i+\epsilon-q_J^i}$$

在前面我们已经证明了对于所有 i，j 不等式 $U_j^i \geqslant q_j$ 都是成立的，因此，由上式可以得

$$[1+(r-\gamma)\Delta t]U^i \geqslant U^{i+1}. \tag{5.43}$$

因为对所有的 j，$U_j^{N+1}=\max(e^{y_j}-K, 0)\geqslant 0$，所以

$$U_j^i \geqslant 0. \tag{5.44}$$

第四节　数值模拟

一、非线性系统处理

我们注意到，在数值格式（5.32）式中惩罚函数项关于目标函数 U_j^i 是非线性的，因此，在现有的迭代算法是无法求解的，必须先把非线性的惩罚函数项进行线性化处理，在这里我们采用牛顿迭代方法来处理。另外，在进行参数敏感性分析之前，我们先设计相应的算例对第二节中所建立的数值格式进行检验。

为了能在计算机上实现格式（5.32）式，必须把半无穷区域

$$(-\infty, y_{\max}]\times[0, T]. \tag{5.45}$$

截断为一个有限区域

$$[y_{\min}, y_{\max}]\times[0, T]. \tag{5.46}$$

在数值实验中，本书取 $y_{\min}=\ln(0.001)$，那么定价模型中的左边界条件（5.28）式就变为 $U(y_{\min}, t)=0$。在此本书要特意说明，把半无穷区域（5.45）式截断为有限区域（5.46）式并不会影响定理 5.1 的结论以及证明过程，因为当股票的市场价格非常低时，对于合同持有者来说合同的价值仍然为零，所以即便是在区域（5.46）式上也可以完成定理 5.1 的证明。

重新定义空间步长 $\Delta y=(y_{\max}-y_{\min})/M$，且

$$y_j=(j-1)\Delta y+y_{\min},\ j=1,\ 2,\ \cdots,\ M+1.$$

令 $\beta=1+(r-\gamma)\Delta t-\dfrac{a\Delta t}{\Delta y}$，$\zeta=\dfrac{a\Delta t}{\Delta y}$，$\eta=-\dfrac{\nu\Delta t}{(\Delta y)^{\alpha}}$，那么数值格式（5.32）式可以表示成下面的矩阵形式

$$(\beta I+\zeta\mathbb{B}+\eta\mathbb{A})U^i-F(U^i)=U^{i+1}-E^i. \tag{5.47}$$

其中 $U^i=(U_2^i,\ U_2^i,\ \cdots,\ U_M^i)$，$F(U^i)=[f(U_2^i),\ f(U_3^i),\ \cdots,\ f(U_M^i)]$，

$$f(U_j^i)=\frac{t\varepsilon C}{U_j^i+\varepsilon-q_j}$$

$E^i=(0,\ 0,\ \cdots,\ \xi)$，$\xi=\eta g_0U_{M+1}^i$，$\mathbb{I}$表示 $M-1$ 阶的单位矩阵，$\mathbb{A}$和$\mathbb{B}$都是 $M-1$ 阶的 Toeplitz 矩阵：

$$\mathbb{B}=\begin{bmatrix}0&\cdots&0&0\\-1&\cdots&0&0\\\vdots&\vdots&\vdots&\vdots\\0&\cdots&0&0\\0&\cdots&-1&0\end{bmatrix},\ \mathbb{A}=\begin{bmatrix}g_1&g_0&0&\cdots&0\\g_2&g_1&0&\cdots&0\\g_3&g_2&g_0&\cdots&0\\\vdots&\ddots&\ddots&\ddots&\vdots\\g_{M-2}&g_{M-3}&\cdots&g_1&g_0\\g_{M-1}&g_{M-2}&\cdots&g_2&g_1\end{bmatrix}$$

因为方程组（5.47）式是非线性的，不能直接求解，所以我们采用牛顿迭代法把非线性部分线性处理。根据牛顿迭代方法的思想可得

$$\begin{gathered}[\beta\mathbb{I}+\zeta\mathbb{B}+\eta\mathbb{A}-J_F(\omega^{l-1})]\delta\omega^l\\=U^{i+1}-E^i+F(\omega^{l-1})-(\beta\mathbb{I}+\zeta\mathbb{B}+\eta\mathbb{A})\omega^{l-1}\\\omega^l=\omega^{l-1}+\kappa\delta\omega^l.\end{gathered} \tag{5.48}$$

其中，$l=1,\ 2,\ \cdots$。$J_F(\omega^{l-1})$ 表示向量 $F(\omega^l)$ 的 Jacobian 矩阵，κ 是一个调整因子且 $\kappa\in(0,\ 1)$。对于当前的时间层 t_i 来说，由于上一个时间层 t_{i+1} 的信息是已知的，于是我们取上一个时间层的值 U^{i+1} 作为迭代序列 ω^l 的初始值，即 $\omega^0=U^{i+1}$。事先设定一个充分小的参数 θ，当

$$\|\omega^l-\omega^{l-1}\|\leqslant\theta,$$

取 $U^i=\omega^l$，如此循环就可以得到所有时间层上的信息。在做数值算例时，本书取 $\kappa=0.2$，$\theta=0.001$，$\varepsilon=10^{-5}$。

在系统（5.48）式中，矩阵$\mathbb{A}$是秘籍矩阵，如果用高斯消元法直接求解线性方程组（5.48）式，那么在每次循环迭代中计算量都是 $O(M^3)$，储存空间是 $O(M^2)$，这样一来求解（5.48）式就会需要很高的计算成本。

所以为了提升计算效率，我们将用 Bi-CGSTAB 算法来求解（5.48）式，具体算法如表 3-1 所示。在表 3-1 中存在 Toeplitz 矩阵和向量的乘积，我们用 FFT 技巧来处理 Toeplitz 矩阵同向量的乘积。这样一来在每次循环迭代中，总的算量从 $O(M^3)$ 降到 $O(M\log(M))$，储存空间从 $O(M^2)$ 下降到 $O(M)$。

二、数值检验

在进入数值结果分析之前，首先要通过数值实验来验证定理 5.1 的结论以及证明过程是正确的，为此基于不同的参数，本章描绘出 $U_j^i-\max(q_j,0)$ 在不同参数下的时间轴和空间轴上的曲面，如图 5-2 和图 5-3 所示。

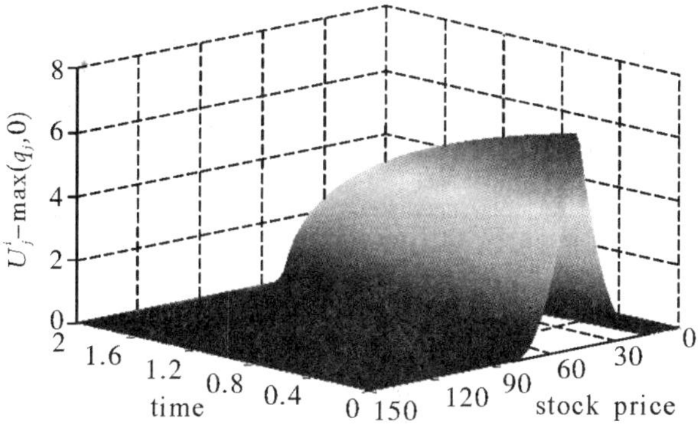

注：$\alpha=1.52$，$T=2$，$K=50$，$\gamma=0.06$，$r=0.05$，$D=0.1$，$\sigma=0.25$

图 5-2　$U_j^i-\max(q_j,0)$ 的曲面图 1

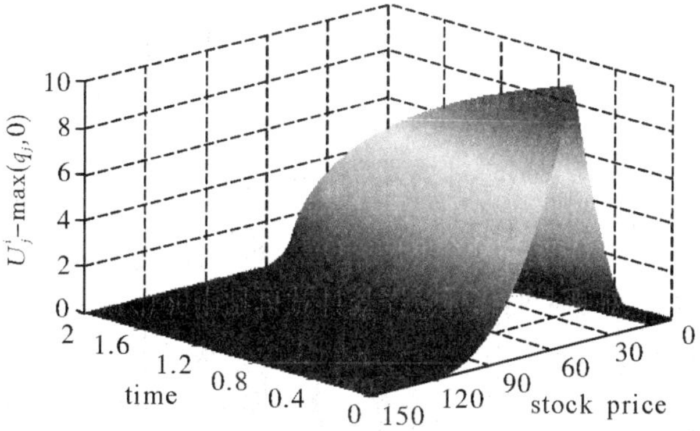

注：$\alpha=1.2$，$T=2$，$K=50$，$\gamma=0.06$，$r=0.05$，$D=0.1$，$\sigma=0.3$

图 5-3　$U_j^i-\max(q_j,0)$ 的曲面图 2

图 5-2 和图 5-3 中的曲面都是在 xoy 之上的，由此说明对于所有 i，j 不等式 $U_j^i \geqslant \max(q_j, 0)$ 恒成立，这个数值结果不仅说明本章在 FMLS 模型下所建立的抵押定价模型是正确的，同时还表明了本章所有的理论及推导都是正确的。

在本章的第一节中提到，函数 $U(y, t)$ 可以视为以 e^y 为标的资产，K 为敲定价格，e^{y_f} 为最佳执行边界的美式看涨期权的价值。因此，从理论上来讲函数 $U(y, 0)$ 不会小于其支付函数的值，并且该最佳执行边界 e^{y_f} 关于到期日是单调递增的。那么为了验证这两个基本的事实，我们在图 5-4 和图 5-5 中分别绘制了函数 $U(y, 0)$ 的值关于标的资产 e^y 和最佳执行边界 e^{y_f} 关于合同到期日的曲线。从图 5-4 中的曲线可以看到函数 $U(y, 0)$ 的值关于 e^y 是单调递增的，并且函数 $U(y, 0)$ 的值不小于其支付函数 $\max(e^y - K, 0)$ 的值。另外，美式看涨期权的最佳执行边界 e^{y_f} 关于到期日是单调递增的特征也被图 5-5中的曲线所印证。

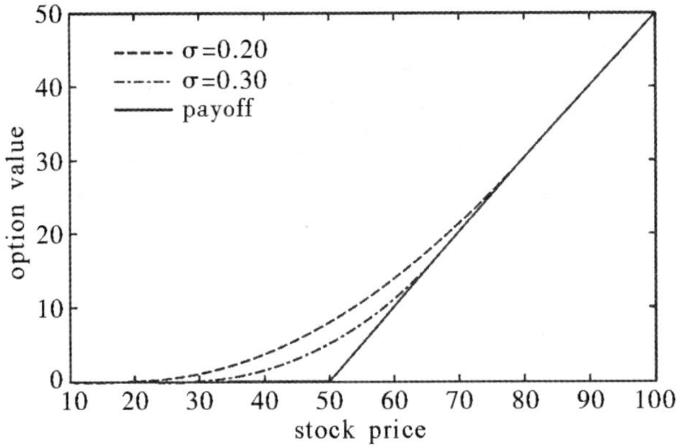

注：$K = 50$，$\gamma = 0.1$，$r = 0.05$，$\alpha = 1.52$，$T = 2$

图 5-4 美式看涨期权 U 的价值

由于非线性项的存在，很难严格地从理论上去证明该格式的稳定性和分析其误差阶，只能通过数值模拟来说明数值格式的稳定性和误差阶。本章用一个相对较细的网格（M，N）=（800，2 000）来求出一个数值解记为 $U(y_j, t_i)_{ref}$，并把该解当作模型（5.27）式~（5.30）式近似的解析解，为了保证检测的准确度，在计算 $U(y_j, t_i)_{ref}$ 时，我们采用 MATLAB 中的内置左除算法‘$A \backslash b$’。需要说明的是，本次的检查所使用的计算机参数为 Lenovo S5，Intel（R）Core（TM）i5 - 6300HQ，2.30 GHz，8GB RAM。

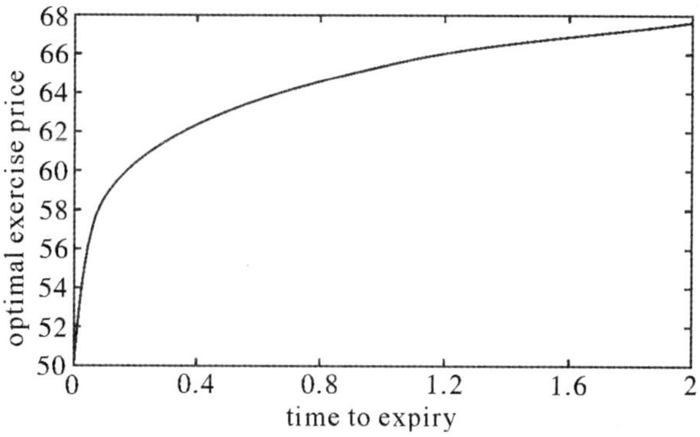

注：$K = 50$，$\gamma = 0.1$，$r = 0.05$，$\alpha = 1.52$，$T = 2$

图 5-5　美式期权的最佳执行边界

FMLS 模型中的其他参数为 $\alpha = 1.56$，$T = 0.1$，$K = 50$，$\gamma = 0.06$，$r = 0.05$，$D = 0.05$，$\sigma = 0.3$。为了得到时间 t 方向上的收敛阶，我们固定空间步长 $\Delta y = (y_{\max} - y_{\min})/800$，误差定义为

$$\text{Error} = \|U(x,\ t) - U(x,\ t)_{ref}\|_2,$$

以及数值格式的收敛阶定义为

$$\text{Order}_{i+1} = \frac{\ln(\text{Error}_i) - \ln(\text{Error}_{i+1})}{\ln(N_{i+1}) - \ln(N_i)},$$

其中 N_i 表示时间层的网格数，计算结果如表 5-2 所示。因为表 5-2 中最后一列的数据都是大于 0.5 的而且比较接近 1，为此可以认为本章所建立的数值格式在时间方向的收敛阶为 1。

表 5-2　时间 t 方向的收敛阶

Number of time steps	Error	Order
200	0.162 5	-
400	0.090 1	0.850 8
800	0.048 7	0.887 6
1 600	0.026 0	0.905 4

类似地，为了得到空间变量 y 的收敛阶，先固定时间方向的步长 $\Delta t = T/2\,000$，然后将空间方向的网格从 100 增加到 600，通过计算得到表 5-3 中的数据。因为表 5-3 中最后一列的数据都是大于 0.5 的而且比较接近 1，

由此可以判断数值格式（5. 29）式的空间变量的收敛阶为 1。

表 5-3　空间 y 方向的收敛阶

Number of space steps	Error	Order
100	0. 102 3	-
200	0. 062 7	0. 706 3
400	0. 030 1	0. 718 7
600	0. 027 7	0. 786 2

为了能够直观地看到快速算法在计算过程中的优势，本章在表 5-4 中列出了高斯消元法（Gaussina elimination）、Bi-CGSTAB 以及 FBi-CGSTAB 三种方法在相同网格下的计算时间。在计算过程中本书固定时间方向上的网格点 $\alpha = 1.56$，$T = 0.1$，$K = 50$，$\gamma = 0.06$，$r = 0.05$，$D = 0.05$，$\sigma = 0.3$，$N = 100$，那么由表 5-4 中的数据可以看到 FBi-CGSTAB 方法很明显地减少了计算数值格式（5. 48）式的时间。

表 5-4　高斯消元法、Bi-CGSTAB 以及 FBi-CGSTAB 的计算时间

Method	Number of space steps	CPU time
Gaussian elimination	2^6	34. 242 2 s
	2^7	151. 757 8 s≈2 min 32 s
	2^8	957. 206 5 s≈15 min 57 s
	2^9	2. 997 5e+04 s≈8h 19 min 35 s
	2^{10}	—
Bi-CGSTAB	2^6	1. 029 6 s
	2^7	1. 965 6 s
	2^8	4. 258 8 s
	2^9	49. 561 5 s
	2^{10}	172. 864 7s ≈ 2 min 53 s
FBi-CGSTAB	2^6	0. 624 0 s
	2^7	0. 982 8 s
	2^8	1. 216 8 s
	2^9	1. 825 2 s
	2^{10}	7. 987 3 s

三、参数冲击分析

本书利用坐标变换（5.16）式的逆变换得到 FMLS 框架下股票抵押的价值和最佳赎回价格。在这个部分本书还将根据数值实验来分析模型中的重要参数对 FMLS 框架下的股票抵押价值和最佳赎回价格的影响，并从数学和金融两个不同的角度给出了相应的解释。

图 5-6 表示的是在不同贷款利率下，股票抵押的最佳赎回价格关于到期日的变化趋势。众所周知，美式看涨期权的最佳执行边界关于到期时间是一个单调递增的函数，但是从图 5-6 可以清楚地看到，股票抵押的最佳赎回边界关于到期日并不是单调的，从金融学的角度来看主要是以下两个原因造成了这个现象。一方面，同美式看涨期权一样，由于随着合同到期日的临近投资者会损失相应的时间价值，所以他们会要求一个比较低的赎回价格。另一方面，由于股票抵押定价模型类似于一个具有时变的敲定价格 $K e^{\gamma t}$ 的美式看涨期权，所以随着时间的推移，股票抵押合同的持有者为了能赎回股票就要向金融机构支付更多的本息和。因此，由上面两个因素的共同作用使得股票抵押的最佳赎回价格关于到期日不是单调的。

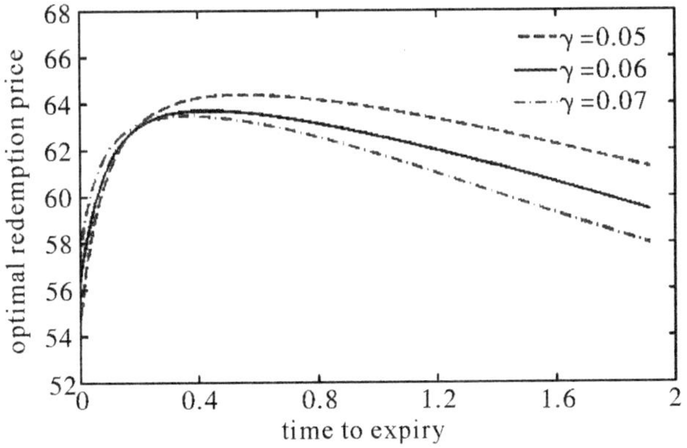

注：$K = 50$，$r = 0.05$，$\alpha = 1.52$，$T = 2$，

$\sigma = 0.22$，$N = 100$，$M = 2^{13}$，$D = 0.06$

图 5-6　不同 γ 下的股票抵押的最佳赎回价格

在图 5-7 中，本书展现了股票的红利率对股票抵押的最佳赎回价格的影响。从图 5-7 中可以清楚地看到，股票抵押的最佳赎回价格关于股票的红利率 D 是单调递减的。对于同一只股票而言，如果股票的红利率越低那么相应的股票收益或者股票市面价格就会越高，这会导致在相同的时刻抵押合同的持有者越不愿意执行合同。因此，如果股票的红利率越低，最佳

赎回价格会越高。

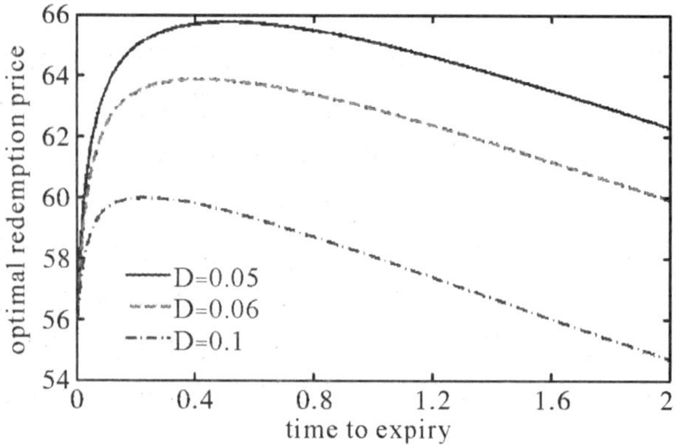

注：$K = 50$, $r = 0.05$, $\alpha = 1.52$, $T = 2$,
$\sigma = 0.22$, $N = 100$, $M = 2^{13}$, $\gamma = 0.055$

图 5-7　不同红利 D 下的最佳赎回价格

图 5-8 和图 5-9 分别呈现的是不同参数 σ 对股票抵押价值和最佳赎回价格的影响。从图 5-8（a）和图 5-8（b）中的曲面可以清楚地观察到，在任何一个时刻和任何一个股票价格水平上，股票抵押价值关于参数 σ 的值是单调递增的。由股票的驱动方程可知，在其他参数不变的情况下，σ 决定了随机变量 $\sigma \mathrm{d} L_t^{\alpha,-1}$ 的尺度参数的值，即 $\sigma(\mathrm{d}t)^{1/\alpha}$，并且 σ 的值越大，尺度参数 $\sigma(\mathrm{d}t)^{1/\alpha}$ 的值也会越大。另外，由于尺度参数值的大小决定了一个分布的统计特征，即如果尺度参数越大，那么分布的统计变差越大，如图 5-1 所示。再则注意到股票抵押的支付函数是 $\max(e^x - K e^{\gamma t}, 0)$，如果随机变量 x 的统计偏差越大，那么股票抵押合同的持有者就有可能获得更大的收益，因此，根据上面的分析不难得出股票抵押价值关于 σ 是单调递增的。事实上，在 FMLS 模型中参数 σ 的作用就类似于经典 BS 模型中波动率的作用。

下面将从两个角度去分析参数 σ 和股票抵押的最佳赎回边界的关系。一方面，股票抵押模型解的区域被最佳赎回边界划分成了两个区域：执行区域和持有区域。在执行区域，股票抵押的内在价值等于执行价值（执行价值=标的资产价格-敲定价格），因此，如果股票抵押的内在价值增加，那么最佳赎回价格就会增大。另一方面，由上一段的分析可知如果参数 σ 的变大，那么股票价格的对数分布的统计偏差也会随之变大，从而导致股票的价格有可能出现更大的值。那么这时投资者就越不会选择终止合同，所以赎回价格也会随之增大。上述两个方面都说明股票抵押的最佳赎回价格关于参数 σ 是单调递增的，如图 5-9 所示。

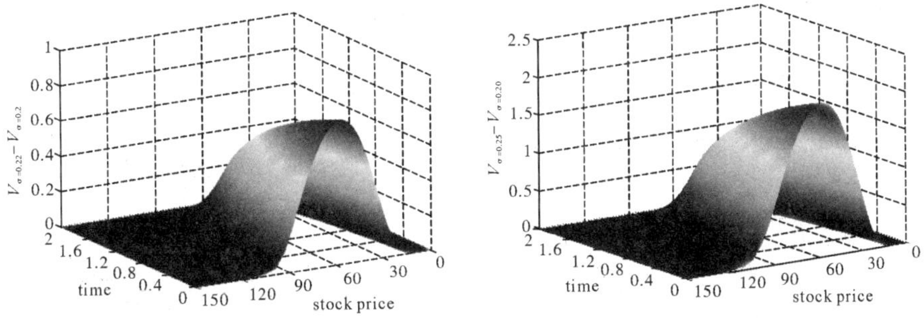

(a) $V_{\alpha=0.22}-V_{\alpha=0.20}$　　(b) $V_{\alpha=0.25}-V_{\alpha=0.20}$

注：$K=50$，$r=0.05$，$\alpha=1.52$，$T=2$，$N=100$，$M=2^{13}$，$\gamma=0.055$

图 5-8　不同 σ 下的股票抵押值的差

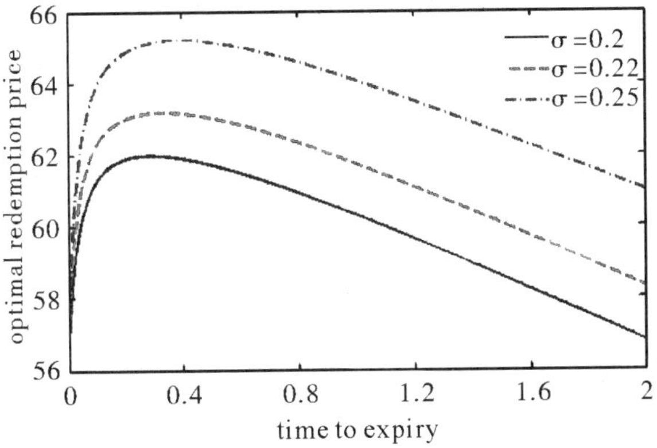

注：$K=50$，$r=0.05$，$\alpha=1.52$，$T=2$，$N=100$，$M=2^{13}$，$\gamma=0.055$

图 5-9　不同 σ 下的股票抵押的最佳赎回价格

根据图 5-10（a）和图 5-10（b）中曲面的变换规律可以发现，当股票价格 S_t 高于贷款金额 K 时，股票抵押价值关于尾部指数 α 是单调递减的。但是当股票价格小于贷款金额时，股票抵押价值关于尾部指数 α 不再是单调递减的，甚至还出现了相反的现象。在任何一段时间段内，α 稳态分布增加了股票发生跳跃和大幅度变动的概率，因此，相对应正态分布来说（$\alpha=2$），由 FMLS 过程所驱动的股票对数收益的分布会出现左后尾的现象，并且分布的尾部厚度关于 α 是单调递减的。由于股票抵押的价值同股票的变化方向是一致的，投资者会根据自身所处的金融市场的现状来对股票将来的走势做出判断，即是说投资者对股票发生跳跃做出的反应是不对称的，图 5-10（a）和图 5-10（b）说明了这个现象。

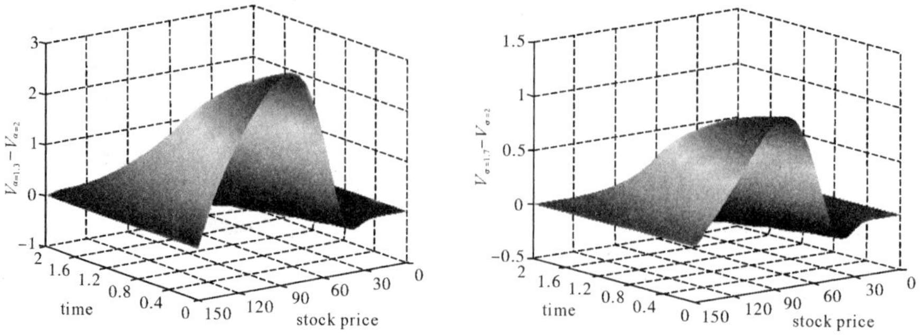

(a) $V_{\alpha=1.3}-V_{\alpha=2}$ (b) $V_{\alpha=1.7}-V_{\alpha=2}$

注：$K=50$，$r=0.05$，$\sigma=0.22$，$T=2$，$N=100$，$M=2^{13}$，$\gamma=0.055$

图 5-10　不同 α 下股票抵押价值的差

在股票抵押定价模型的执行区域，股票价格 S_t 始终都是大于贷款 K 的。由前面的分析可知，在执行区域股票抵押的价值关于尾部指数 α 是单调递减的。因此，很容易理解股票抵押的最佳赎回价格关于参数 α 也是单调递减的，如图 5-11 所示。

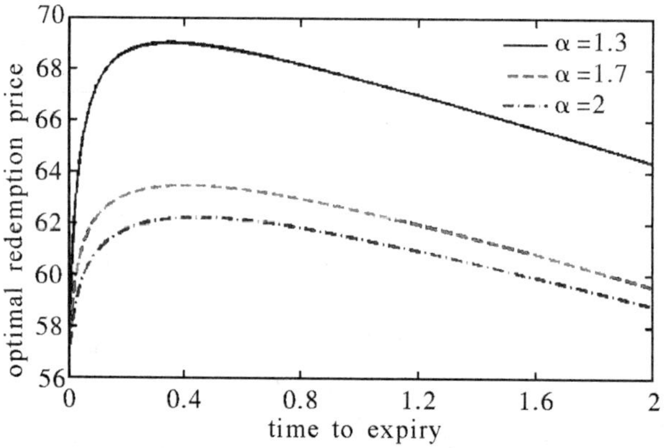

注：$K=50$，$r=0.05$，$\sigma=0.22$，$T=2$，$N=100$，$M=2^{13}$，$\gamma=0.055$

图 5-11　不同 α 下股票抵押的最佳赎回价格

通常情况下，因为股票抵押合同的到期日时间相对较长，部分合同到期日可能会是五年甚至更长的到期时间。所以本书在这里分别绘制了到期日为五年和六年的股票抵押合同的最佳赎回价格，如图 5-12 和图 5-13 所示。这两幅图中的曲线的变换规律与到期日为两年的股票抵押合同的最佳赎回价格曲线的变换规律是一致的，同时该数值结果表明本书所设计的算法对于求解具有较长到期日的股票抵押合同的定价模型也是适用的。

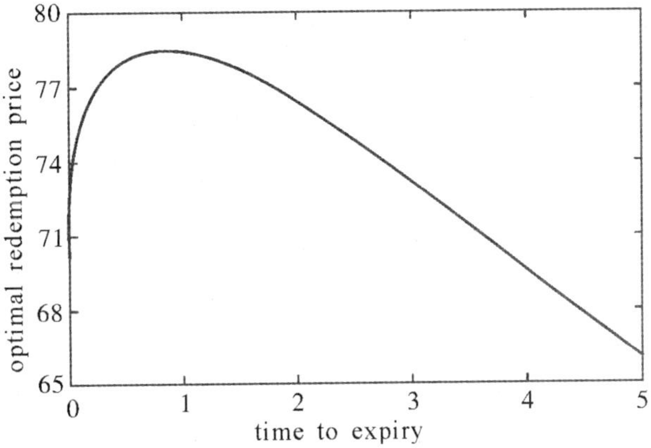

注：$K = 50$，$\alpha = 1.52$，$r = 0.05$，$\sigma = 0.22$，

$T = 2$，$N = 100$，$M = 2^{13}$，$\gamma = 0.055$

图 5-12　股票抵押的最佳赎回价格

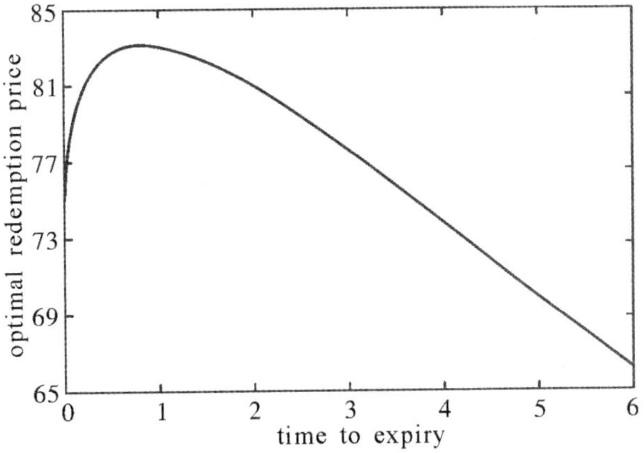

注：$K = 50$，$\alpha = 1.52$，$r = 0.05$，$\sigma = 0.22$，

$T = 2$，$N = 100$，$M = 2^{13}$，$\gamma = 0.055$

图 5-13　股票抵押的最佳赎回价格

第五节　本章小结

在这一章，我们研究 FMLS 框架下股票抵押合同的定价问题。为了求解该模型首先进行了坐标替换，其次引入非线性的惩罚函数以消除模型中的自由边界。基于此，我们为模型建立具有一阶精度的有限差分格式并在这个数值算法下证明了合同的提前执行价值不会低于持有价值，即 $U(y, t) \geq \max(e^y - K, 0)$ ，这是本章的一个重要理论创新点。在数值分析中，本章进行了多个理论的检查，主要包括：模型的正确性、理论推导的正确性以及数值算法的稳定性和精确性。在确保模型、算法的正确性后，我们着重分析了参数 D，σ，γ 和 α 对股票抵押价值和最佳赎回价格的影响，并给出了相应的解释。另外，为了保证我们所建立的算法对于较长时间的股票抵押合同仍然适用，我们选取了合同时间为五年和十年的情况并绘制出对应的最佳赎回策略，结果表明，我们所设计的算法对于求解具有较长到期日的股票抵押合同的定价模型也是适用的。

本章所考虑的 FMLS 模型能够反应原概率测度和风险中性测度下股票对数收益的非正态性以及股票价格所具有的记忆性，由此得到的结果的确能够更好地反映真实情况。尽管如此，我们并没有改善抵押合同空头方承担的风险。比如，一旦股票价格很低以至于在合同到期日前都不能回升至让合同多头方选择执行合同的水平，那么多头就会面临巨大的损失，因此在第六章中，我将针对这个问题提出相应的对策并从理论上加以探讨。

第六章　基于 FMLS 模型的欧式看涨向上敲出期权定价研究

第一节　本章导言

奇异期权作为一种非标准期权（场外期权）不仅在金融风险管理中发挥着不可替代的作用，而且也逐渐成为投资者投资组合中的一个重要金融产品。为此在过去的十多年里，奇异期权逐渐成为金融市场上一种重要的金融衍生产品，并且奇异期权的定价问题在学术界也成了一个非常热点的话题。

事实上，欧式看涨向上敲出期权相当于在标准的欧式看涨期权中增加了一条约束条件，即当期权标的资产价格上升到事先设定的一个障碍水平时，期权合约自动失效，对于多头方来说期权合约不再具有价值。一方面，对于空头方而言，这类奇异期权可以防止由于标的资产价格上涨过高在合约到期时支付更多的差额给多头方；另一方面，从某种程度上讲，虽然奇异期权对多头方的权利进行了限制，但多头方在期初所支付的期权金要少得多。由此可见，相对于标准欧式期权而言这类奇异期权对于合约双方都有利。

在 FMLS 框架下，欧式看涨向上敲出期权的定价模型是一个具有分数阶导数的偏微分方程的边值问题，一般情况下很难得到解析，所以本章将采用数值方法对模型求解。由文献综述可知，关于期权定价且具有分数导数模型的数值方法具有一定的局限性。通常情况下，对求解该类模型所建立的数值方法大多数都是一阶的，并且对于数值算法的精度和稳定性分析不够，只有少部分文献对此进行了讨论。因此，本章在现有文献的基础上，针对模型建立具有二阶精度的数值算法并对算法进行详细分析。

第二节 定价数学模型

本节首先给出欧式看涨向上敲出期权价格的驱动方程，其次根据该类奇异期权合约特征给出定价模型的边界条件。

一、驱动方程

在本章，仍然假设股票价格的对数形式（$x_t = \ln(S_t)$）在风险中性测度下满足如下随机微分方程

$$\mathrm{d}x_t = (r - D - \nu)\mathrm{d}t + \sigma \mathrm{d}L_t^{\alpha,\ -1}. \tag{6.1}$$

其中，参数 r，D，ν，σ 与第三章中描述的一样。另外，为了便于分析，本章假设 $D=0$。

假设 $x_u = \ln(S_{t,\ u})$ 表示欧式看涨向上敲出期权的障碍值，由该类期权的合约特点可知，当期权标的资产价格没有触碰障碍值 x_u 时，其价值状态与普通的欧式期权一样要满足无套利定价，即

$$V(x,\ t) = e^{-r(T-t)} E_t[\max(e^x - K,\ 0)]. \tag{6.2}$$

其中，E_t 是风险中性下的条件期望算子，$V(x,\ t)$ 表示期权在时刻 t 的价值，于是由第三章中的预备知识可知，函数 $V(x,\ t)$ 满足如下分数阶偏微分方程

$$\frac{\partial V(x,\ t)}{\partial t} + (r - \nu)\frac{\partial V(x,\ t)}{\partial x} + \nu\, {}_{-\infty}D_{x_u}^{\alpha} \partial V(x,\ t) = rV(x,\ t). \tag{6.3}$$

且 $x \in (-\infty,\ x_u]$，$t \in [0,\ T]$。

二、定价模型的边界条件

当期权标的资产价格趋于零时，即 $x \to -\infty$，对于看涨期权的多头方而言，期权的合约不再具备任何价值。又因为在真实的金融市场上，股票价格不会无限逼近 0，一般情况下当股票价格低至某个水平时，股票就会出现跌停的情况。为了方便表示本书记 x_d 表示让股票跌停的水平，于是可得如下的边界条件

$$V(x_d,\ t) = 0. \tag{6.4}$$

另外，当期权标的资产价格在合约有效期内触碰到事先设定好的障碍值 x_u 时，期权合约就会失效，此时对于多头方而言期权合约的价值仍然为零，于是

$$V(x_u,\ t) = 0. \tag{6.5}$$

因为本章所考虑的期权在到期日时同标准欧式期权是一样的，所以可得下面的条件

$$V(x,\ T) = \max(e^x - K,\ 0). \tag{6.6}$$

综上，由（6.3）式~（6.6）式共同构成 FMLS 框架下欧式看涨向上敲出期权的定价模型。

从现有的文献来看，基本不可能找到定价模型（6.3）式~（6.6）式的解析解，所以接下来本书将建立相应的数值格式来求解该模型。

第三节　具有二阶精度的有限差分方法

一、差分格式的建立

在本节，我们将为模型（6.3）式~（6.6）式建立数值算法。不失一般性，取 $\Delta x = \dfrac{x_u - x_d}{M}$ 作为空间步长，$\Delta t = \dfrac{T}{N}$ 作为时间步长，M 和 N 都是正整数。特别地，

$$x_j = x_d + (j-1)\Delta x, \qquad t_j = (i-1)\Delta t,$$

其中 $j=1,\ 2,\ \cdots,\ M+1$；$i=1,\ 2,\ \cdots,\ N+1$。在建立具体的差分格式之前，本书先给出以下几个引理。

引理 6.1[4] 分数阶导数 ${}_xD^{\alpha}_{x_u}v(x_i)$ 可以由如下二阶公式离散

$${}_xD^{\alpha}_{x_u}v(x_i) = \frac{1}{\Delta x^{\alpha}}\sum_{k=0}^{M-i+1} g_k v(x_{i+k-1}) + O(\Delta x^2). \tag{6.7}$$

其中微分系数由如方程组给出

$$\begin{cases} g_0 = \gamma_1\omega_0,\ g_1 = \gamma_1\omega_1 + \gamma_2\omega_0, \\ g_k = \gamma_1\omega_k + \gamma_2\omega_{k-1} + \gamma_3\omega_{k-2}, & k \geqslant 2, \\ \omega_0 = 1,\ \omega_k = \left(1 - \dfrac{1+\alpha}{k}\right)\omega_{k-1}, & k \geqslant 1. \end{cases} \tag{6.8}$$

并且系数 $\gamma_i(i=1, 2, 3)$ 满足如下方程组

$$\begin{cases}\gamma_1+\gamma_2+\gamma_3=1,\\ \gamma_1-\gamma_3=\dfrac{\alpha}{2}.\end{cases} \tag{6.9}$$

如果取方程组（6.9）式中的参数 γ_3 为自由变量，于是

$$\begin{cases}\gamma_1=\dfrac{\alpha}{2}+\gamma_3,\\ \gamma_2=\dfrac{2-\alpha}{2}-2\gamma_3.\end{cases} \tag{6.10}$$

根据系数 g_k 和 ω_k 的联立方程组（6.8）式可得如下的引理

引理 6.2 对于 $1<\alpha<2$，如果

$$\max\left[\frac{(2-\alpha)(\alpha^2+\alpha-8)}{2(\alpha^2+3\alpha+2)}, \frac{(1-\alpha)(\alpha^2+2\alpha)}{2(\alpha^2+3\alpha+4)}\right]\leqslant\gamma_3\leqslant\frac{(2-\alpha)(\alpha^2+2\alpha-3)}{2(\alpha^2+3\alpha+2)},$$

那么系数 g_k 和 ω_k 满足以下的关系：

（1）$\omega_0=1$，$\omega_1=-\alpha<0$，$0\leqslant\cdots\leqslant\omega_3\leqslant\omega_2\leqslant1$，$\sum\limits_{k=0}^{\infty}\omega_k=0$，

（2）$g_1\leqslant0$，$g_0+g_2\geqslant0$，$g_k\geqslant0 \qquad (k\geqslant3)$.

证明 事实上文献［67］中已经证明了（1），所以在这里我们只对（2）进行证明。由（6.8）式和（6.10）式可知

$$\begin{aligned}g_1&=\gamma_1\omega_1+\gamma_2\omega_0=\left(\frac{\alpha}{2}+\gamma_3\right)(-\alpha)+\left(\frac{2-\alpha}{2}-2\gamma_3\right)\\&=\frac{2-\alpha-\alpha^2}{2}-(2+\alpha)\gamma_3.\end{aligned}$$

所以，如果 $\gamma_3\geqslant\dfrac{1-\alpha}{2}$，那么 $g_1\leqslant0$ 以及 $\gamma_1\geqslant\dfrac{1}{2}$。又因为 $\Delta x=\dfrac{x_u-x_d}{M}>0$，于是

$$\begin{aligned}g_0+g_2&=\gamma_1\omega_0+\gamma_1\omega_2+\gamma_2\omega_1+\gamma_3\omega_0\\&\geqslant(\gamma_1\omega_0+\gamma_1\omega_2+\gamma_2\omega_1+\gamma_3\omega_0)e^{-h\lambda}\\&=\frac{\alpha}{2}+2\gamma_3+\left(\frac{\alpha}{2}+\gamma_3\right)\frac{(1-\alpha)(-\alpha)}{2}+\left(\frac{2-\alpha}{2}+2\gamma_3\right)(-\alpha)\\&=\frac{\alpha^2+3\alpha+4}{2}\gamma_3+\frac{2\alpha-\alpha^2-\alpha^3}{4}.\end{aligned}$$

上面的式子意味着如果 $\gamma_3\geqslant\dfrac{2\alpha-\alpha^2-\alpha^3}{2(\alpha^2+3\alpha+4)}$，于是 $g_0+g_2\geqslant0$

而对于 $1<\alpha<2$，有

$$\frac{2\alpha-\alpha^2-\alpha^3}{2(\alpha^2+3\alpha+4)}=\frac{1-\alpha}{2}\times\frac{\alpha^2+\alpha}{\alpha^2+3\alpha+4}>\frac{1-\alpha}{2}.$$

另外，由于

$$\begin{aligned}g_3&=\gamma_1\omega_3+\gamma_2\omega_2+\gamma_3\omega_1\\&=\left(\frac{\alpha}{2}+\gamma_3\right)\frac{2-\alpha}{3}\frac{1-\alpha}{2}(-\alpha)+\left(\frac{2-\alpha}{2}-2\gamma_3\right)\frac{1-\alpha}{2}(-\alpha)+\gamma_3(-\alpha)\\&=\frac{-\alpha(\alpha^2+3\alpha+2)}{6}\gamma_3+\frac{(\alpha+3)(2-\alpha)(1-\alpha)(-\alpha)}{12}.\end{aligned}$$

因此，当且仅当 $g_3\geqslant 0$ 时，$\gamma_3\leqslant\dfrac{(\alpha+3)(2-\alpha)(1-\alpha)}{2(\alpha^2+3\alpha+2)}$。

当 $k>3$ 时，由（6.8）式和（6.10）式可得

$$\begin{aligned}g_3&=\gamma_1\omega_3+\gamma_2\omega_2+\gamma_3\omega_1\\&=\left[\left(\frac{\alpha}{2}+\gamma_3\right)\frac{k-1-\alpha}{k}\cdot\frac{k-2-\alpha}{k-1}+\left(\frac{2-\alpha}{2}-2\gamma_3\right)\frac{k-2-\alpha}{k-1}+\gamma_3\right]\omega_{k-2}\\&=\left[\frac{(k-2-\alpha)(-k-1-\alpha)+k(k-1)}{k(k-1)}\gamma_3+\frac{(k-2-\alpha)(-\alpha^2-\alpha+2k)}{2k(k-1)}\right]\omega_{k-2}\\&=\left[\frac{(\alpha^2+3\alpha+2)}{k(k-1)}\gamma_3+\frac{(k-2-\alpha)(-\alpha^2-\alpha+2k)}{2k(k-1)}\right]\omega_{k-2}.\end{aligned}$$

注意到，$\omega_{k-2}>0$，所以如果 $\gamma_3\geqslant\dfrac{(\alpha^2+\alpha-2k)(k-2-\alpha)}{2(\alpha^2+3\alpha+2)}$，那么 $g_k\geqslant 0$。另外，不难判断在 $1<\alpha<2$ 的情形下，$\dfrac{(\alpha^2+\alpha-2k)(k-2-\alpha)}{2(\alpha^2+3\alpha+2)}$ 关于 $k(k>3)$ 是单调递减的，所以 $\dfrac{(\alpha^2+\alpha-2k)(k-2-\alpha)}{2(\alpha^2+3\alpha+2)}\geqslant\dfrac{(\alpha^2+\alpha-8)(2-\alpha)}{2(\alpha^2+3\alpha+2)}$。

综上，我们完成了对引理 6.2 的证明，接下来将建立相应的差分格式。

本书用中心差商对一阶空间导数进行离散，用（6.7）式对分数阶导数进行离散，于是可得关于方程（6.3）式的有限差分格式

$$\begin{aligned}&\frac{V_i^{j+1}-V_i^j}{\Delta t}+\frac{1}{2}\left(a\frac{V_{i+1}^{j+1}-V_{i-1}^{j+1}}{2\Delta x}+\nu\,{}_{x_{\min}}\mathfrak{D}_{x_{\max}}^{\alpha}V_i^{j+1}-rV_i^{j+1}\right)\\&+\frac{1}{2}\left(a\frac{V_{i+1}^{j}-V_{i-1}^{j}}{2\Delta x}+\nu\,{}_{x_{\min}}\mathfrak{D}_{x_{\max}}^{\alpha}V_i^{j+1}-rV_i^{j}\right)=O(\Delta x^2+\Delta t^2),\end{aligned}$$

其中 $V_i^j = V(x_i, t_j)$ ，$a = r - \nu$ 。在上式两边同时乘以 Δt ，且经变换后可得

$$V_i^{j+1} - \frac{\Delta t}{2}\left(a\frac{V_{i+1}^{j+1} - V_{i-1}^{j+1}}{2\Delta x} + \nu\ {}_{x_{\min}}\mathfrak{D}_{x_{\max}}^{\alpha}\ V_i^{j+1} - r\,V_i^{j+1}\right)$$

$$= V_i^j + \frac{\Delta t}{2}\left(a\frac{V_{i+1}^{j} - V_{i-1}^{j}}{2\Delta x} + \nu\ {}_{x_{\min}}\mathfrak{D}_{x_{\max}}^{\alpha}\ V_i^{j+1} - r\,V_i^{j}\right) + \Delta t\cdot O(\Delta x^2 + \Delta t^2).$$

相应的，边界条件（6.4）式~（6.6）式离散成如下形式

$$V_j^{N+1} = \max(e^{x_j} - K,\ 0),\ j = 1,\ 2,\ \cdots,\ M + 1,$$

$$V_1^i = V_M^i = 0,\ i = 1,\ 2,\ \cdots,\ N + 1.$$

为了方便叙述，本书用 $\widetilde{V}_i^j$ 表示不考虑误差阶的近似值，于是可得定价模型（6.3）式~（6.6）式的离散格式

$$\begin{cases} \widetilde{V}_i^j - \dfrac{\Delta t}{2}\left(a\dfrac{\widetilde{V}_{i+1}^{j+1} - \widetilde{V}_{i-1}^{j+1}}{2\Delta x} + \nu\ {}_{x_{\min}}\mathfrak{D}_{x_{\max}}^{\alpha}\ \widetilde{V}_i^{j+1} - r\,\widetilde{V}_i^{j+1}\right) \\ \quad = \widetilde{V}_i^j + \dfrac{\Delta t}{2}\left(a\dfrac{\widetilde{V}_{i+1}^{j} - \widetilde{V}_{i-1}^{j}}{2\Delta x} + \nu\ {}_{x_{\min}}\mathfrak{D}_{x_{\max}}^{\alpha}\ \widetilde{V}_i^{j} - r\,\widetilde{V}_i^{j}\right) \\ \widetilde{V}_j^{N+1} = \max(e^{x_j} - K,\ 0),\ j = 1,\ 2,\ \cdots,\ M + 1, \\ \quad \widetilde{V}_1^i = \widetilde{V}_{M+1}^i = 0,\ i = 1,\ 2,\ \cdots,\ N + 1. \end{cases} \tag{6.11}$$

令

$$\widetilde{V}^i = (\widetilde{V}_2^i,\ \widetilde{V}_3^i,\ \cdots,\ \widetilde{V}_M^i),\ \zeta = \frac{\Delta t}{2\,\Delta x^{\alpha}},\ \xi = \frac{\Delta t a}{4\Delta x},\ \eta = \frac{\Delta t r}{2}$$

可得（6.11）式的矩阵形式

$$[(1 + \eta)\,\mathbb{I} - b\zeta\,\mathbb{A} - \xi\,\mathbb{B}]\,\widetilde{V}^{i+1} = [(1 - \eta)I - b\zeta\,\mathbb{A} - \xi\,\mathbb{B}]\,\widetilde{V}^{i}. \tag{6.12}$$

其中 $i = 1,\ 2,\ \cdots,\ N + 1$，$\mathbb{I}$是 M−1 阶的单位矩阵，

$$\mathbb{B} = \begin{bmatrix} 0 & -1 & 0 & \cdots & 0 \\ 1 & 0 & -1 & \cdots & 0 \\ 0 & 1 & 0 & \cdots & 0 \\ \vdots & \vdots & \vdots & \ddots & \vdots \\ 0 & 0 & \cdots & 0 & -1 \\ 0 & 0 & \cdots & 1 & 0 \end{bmatrix},\quad \mathbb{A} = \begin{bmatrix} g_1 & g_0 & 0 & \cdots & 0 \\ g_2 & g_1 & 0 & \cdots & 0 \\ g_3 & g_2 & g_0 & \cdots & 0 \\ \vdots & \ddots & \ddots & \ddots & \vdots \\ g_{M-2} & g_{M-3} & \cdots & g_1 & g_0 \\ g_{M-1} & g_{M-2} & \cdots & g_2 & g_1 \end{bmatrix}.$$

二、差分格式稳定性和精度分析

我们首先讨论数值格式（6.11）式的稳定性。在给出稳定性分析之前，本章首先给出以下引理和命题。

引理 6.3 如果 $A \in C^{M\times M}$，令 $H=\dfrac{A+A^*}{2}$ 作为矩阵 A 的厄密共轭，其中 A^* 是矩阵 A 的共轭转置，那么

$$\mu_{\min}(H) \leqslant Re(\mu(A)) \leqslant \mu_{\max}(H)$$

其中 $Re(\mu(A))$ 表示复数 $\mu(A)$ 的实部，$\mu_{\min}(H)$ 和 $\mu_{\max}(H)$ 分别表示矩阵 H 的最小特征值和最大特征值[68]。

引理 6.4 如果矩阵 A 是正定矩阵，当且仅当它的厄密共轭 $H=\dfrac{A+A^*}{2}$ 是正定的；如果矩阵 H 是正定的，当且仅当该矩阵的所有特征值都大于 0[68]。

命题 6.1 对于 $1<\alpha<2$，如果

$$\max\left[\frac{(2-\alpha)(\alpha^2+\alpha-8)}{2(\alpha^2+3\alpha+2)},\ \frac{(1-\alpha)(\alpha^2+2\alpha)}{2(\alpha^2+3\alpha+4)}\right] \leqslant \gamma_3 \leqslant \frac{(2-\alpha)(\alpha^2+2\alpha-3)}{2(\alpha^2+3\alpha+2)},$$

那么矩阵 $H=\dfrac{\mathbb{A}+\mathbb{A}^{\tau}}{2}$ 是对角占优的，并且矩阵 H 的所有特征值都是负的[69]。

定理 6.1 对于 $1<\alpha<2$，如果

$$\max\left[\frac{(2-\alpha)(\alpha^2+\alpha-8)}{2(\alpha^2+3\alpha+2)},\ \frac{(1-\alpha)(\alpha^2+2\alpha)}{2(\alpha^2+3\alpha+4)}\right] \leqslant \gamma_3 \leqslant \frac{(2-\alpha)(\alpha^2+2\alpha-3)}{2(\alpha^2+3\alpha+2)},$$

那么差分格式（6.11）式是稳定。

证明 令 $M=b\zeta\,\mathbb{A}+\xi\,\mathbb{B}$，那么差分格式（6.12）式可以表示为

$$[(1+\eta)I-M]V^{n+1}=[(1+\eta)I-M]V^{n}.$$

由于

$$\frac{M+M^T}{2}=\frac{b\zeta}{2}(\mathbb{A}+\mathbb{A}^{\tau})+\frac{\xi}{2}(B+B^T)$$

$$=\frac{b\zeta}{2}(\mathbb{A}+\mathbb{A}^{\tau}).$$

如果用 $\mu(M)$ 表示矩阵 M 的特征值，那么矩阵 $[(1+\eta)I-M]^{-1}[(1-\eta)I+M]$ 表示的特征值为 $\dfrac{1-\eta+\mu(M)}{1+\eta-\mu(M)}$。由前面的引理 6.1，6.2 以及命

题6.1的结论可知，$Re(\mu(M)) < 0$，对于$\eta \geq 0$，有 $\left|\frac{1-\eta+\mu(M)}{1+\eta-\mu(M)}\right| < 1$，即矩阵$[(1+\eta)I-M]^{-1}[(1-\eta)I+M]$的谱半径$\rho([(1+\eta)I-M]^{-1}[(1-\eta)I+M]) < 1$，由此可判断差分格式（6.12）式是稳定的。

接下来，本书将探讨数值格式（6.12）式的收敛阶，在此之前先给出下面的引理。

引理6.5[54] 假设$\{k_n\}$和$\{p_n\}$是两个非负的序列，序列$\{\varphi_n\}$满足如下的关系

$$\varphi_0 \geq g_0,\ \varphi_n \geq g_0 + \sum_{l=0}^{n-1} p_1 + \sum_{l=0}^{n-1} k_1 \varphi_1,\ n \geq 1,$$

其中$g_0 \geq 0$。那么序列$\{\varphi_n\}$

$$\varphi_n \leq \left(g_0 + \sum_{l=0}^{n-1} p_1\right) \exp\left(\sum_{l=0}^{n-1} k_1\right),\ n \geq 1.$$

不失一般性，本书取$V_h = \{V: V = V_j\}$，V_j表示函数V定义在点$\{x_j = (j-1)\Delta x\}_{i=1}^{M+1}$上的值，且$V_1 = V_{M+1} = 0$。那么对于任意的$V = V_i \in V_h$，记$\|V\| = \sqrt{\Delta x \sum_{i=1}^{M-1} V_i^2}$。另外，为方便叙述用$V_j^i$表示模型（6.3）式~（6.6）式的精确解，$\tilde{V}_j^i$表示离散格式（6.11）式的解，其中$i=1, 2, \cdots, N+1$；$j=1, 2, \cdots, M+1$。令$e_j^i = V_i^i - \tilde{V}_j^i (j=1, 2, \cdots, M+1)$以及$E^i = (e_1^i, e_2^i, \cdots, e_{M-1}^i)^T (i=1, 2, \cdots, N+1)$。把$V_i^i$和$\tilde{V}_j^i$分别带入模型（6.3）式~（6.6）式和（6.11）式可得$E^0 = 0$，并且

$$e_j^{i+1} - \frac{\Delta t}{2}\left(a\frac{e_{j+1}^{i+1} - e_{j-1}^{i+1}}{2\Delta x} + \nu\ {}_{x_{\min}}\mathfrak{D}_{x_{\max}}^{\alpha}\ e_j^{i+1} - r e_j^{i+1}\right)$$
$$= e_j^i + \frac{\Delta t}{2}\left(a\frac{e_{j+1}^{i} - e_{j-1}^{i}}{2\Delta x} + \nu\ {}_{x_{\min}}\mathfrak{D}_{x_{\max}}^{\alpha}\ c_j^{i} - r e_j^{i}\right)$$
$$+ \Delta t \cdot O(\Delta x^2 + \Delta t^2). \tag{6.13}$$

定理6.2 对于$1 < \alpha < 2$，如果

$$\max\left[\frac{(2-\alpha)(\alpha^2+\alpha-8)}{2(\alpha^2+3\alpha+2)}, \frac{(1-\alpha)(\alpha^2+2\alpha)}{2(\alpha^2+3\alpha+4)}\right] \leq \gamma_3 \leq \frac{(2-\alpha)(\alpha^2+2\alpha-3)}{2(\alpha^2+3\alpha+2)},$$

那么

$$\|V^i - \tilde{V}^i\| \leq C(x^2 + \Delta t^2),\ i = 1, 2, \cdots, N+1,$$

其中C是一个大于零的实数，$V^i = (V_2^i, V_3^i, \cdots, V_M^i)^T$。

证明 事实上，（6.13）式的矩阵形式可以表示为

$$[(1+\eta)I-M]E^{i+1}=[(1+\eta)I-M]E^{i}-\tau\rho^{i},$$

经简单整理后可得

$$E^{i+1}-E^{i}+\eta(E^{i+1}+E^{i})-M(E^{i+1}+E^{i})=\Delta t\rho^{i}. \tag{6.14}$$

其中 $\rho^{i}=(\rho_2^i, \rho_3^i, \cdots, \rho_M^i)^T$，并且 $\rho_j^i=O(\Delta x^2+\Delta t^2)$，$i=1, 2, \cdots, N+1$；$j=2, 3, \cdots, M$。

在（6.14）式两边同时乘以 $\Delta x(E^{i+1}+E^{i})^T$ 可得

$$\Delta x(E^{i+1}+E^{i})^T(E^{i+1}-E^{i})+\Delta x\eta(E^{i+1}+E^{i})^T I(E^{i+1}+E^{i})$$
$$-\Delta x(E^{i+1}+E^{i})^T M(E^{i+1}+E^{i})=\Delta t\Delta x(E^{i+1}+E^{i})^T\rho^{i}. \tag{6.15}$$

由定理 6.1 和引理 6.4 可知，M 是一个负定矩阵，即

$$-\Delta x(E^{i+1}+E^{i})^T M(E^{i+1}+E^{i})<0.$$

另外，由于单位矩阵 I 是正定的，所以

$$h\sum_{i=1}^{M-1}[(e_j^{i+1})^2-(e_j^i)^2]\leqslant\Delta t\Delta x\sum_{i=1}^{M-1}(e_j^{i+1}+e_j^i)\rho_j^i. \tag{6.16}$$

综上所述，对于所有的 $2\leqslant j\leqslant M$，有

$$\begin{aligned}\Delta x\sum_{j=2}^{M}(e_j^i)^2&\leqslant\Delta t\Delta x\sum_{j=2}^{M}\sum_{i=1}^{N}(e_j^{i+1}+e_j^i)\rho_j^i\\&=\Delta t\Delta x\sum_{j=2}^{M}\sum_{i=1}^{N}(\rho_j^i+\rho_j^{i-1})e_j^i+\Delta t\Delta x\sum_{j=2}^{M}e_j^i\rho_j^{i-1}\\&\leqslant\frac{\Delta t\Delta x}{2}\sum_{j=2}^{M}\sum_{i=1}^{N}(e_j^i)^2+\frac{\Delta t\Delta x}{2}\sum_{j=2}^{M}\sum_{i=1}^{N}(\rho_j^i+\rho_j^{i-1})^2\\&\quad+\frac{\Delta x}{2}\sum_{j=2}^{M}(e_j^i)^2+\frac{\Delta x}{2}\sum_{j=2}^{M}(\Delta t\rho_j^{i-1})^2.\end{aligned}$$

另外，$\rho_j^i=O(\Delta x^2+\Delta t^2)$ 意味着 $\rho_j^i=C(\Delta x^2+\Delta t^2)(C>0)$，因此，由引理 6.5 可知

$$\begin{aligned}\|E^i\|^2&\leqslant[C(\Delta x^2+\Delta t^2)]^2+\sum_{k=1}^{n-1}(\Delta t\cdot\|E^k\|_2^2)\leqslant[C(\Delta x^2+\Delta t^2)]^2\exp\left(\sum_{k=1}^{n-1}\Delta t\right)\\&\leqslant[C(\Delta x^2+\Delta t^2)]^2e^{\tau},\end{aligned}$$

即 $\|E^i\|\leqslant C(\Delta x^2+\Delta t^2)$，至此我们完成了定理 6.2 的证明。

第四节　数值模拟

本节主要分为两个部分，第一部分是对所建立的有限差分格式精度进

行数值检测，第二部分主要是探讨模型参数对数值结果的影响。

一、差分格式精度模拟

为了检测数值格式（6.11）式的精度，本书用一个相对较细的网格 $(M,\ N)=(1\ 000,\ 2\ 000)$ 来求出一个数值解记为 $V(x_j,\ t_i)_{ref}$，并把该解当作该定价模型的近似解析解。另外，为了保证检测的准确度本书采用 MATLAB 中的内置左除算法‘$A\backslash b$’来计算 $V(x_j,\ t_i)_{ref}$ 的值。本次的检查所使用的计算机参数为 Lenovo S5，Intel（R）Core（TM）i5-6300HQ，2.30 GHz，8GB RAM。FMLS 模型中的其他参数为 $\alpha=1.52$，$T=0.2$，$K=20$，$r=0.05$，$D=0.05$，$\sigma=0.24$。首先，为了得到时间 t 方向上的收敛阶，固定空间步长 $\Delta x=(x_u-x_d)/1\ 000$，误差定义为

$$Error=\|V(x,\ t)-V(x,\ t)_{ref}\|_2,$$

以及数值格式的收敛阶定义为

$$Order_{i+1}=\frac{\ln(Error_i)-\ln(Error_{i+1})}{\ln(N_{i+1})-\ln(N_i)},$$

其中，N_i 表示时间层的网格数，计算结果如表 6-1 所示。由于表 6-1 中最后一列的数据都是大于 1.6 而且比较接近 2，为此可以认为本章所建立的数值格式在时间方向的收敛阶为 2，这个结论与定理 6.2 的结论相符。

表 6-1　时间 t 方向的收敛阶

Number of time steps	Error	Order
200	0.101 2	—
400	0.032 9	1.621 4
800	0.009 0	1.869 1
1 600	0.002 5	1.873 5

类似地，为了得到空间变量 x 的收敛阶，我们先固定时间方向的步长 $\Delta t=T/2\ 000$，然后将空间方向的网格从 100 增加到 600，通过计算得到表 6-2中的数据。由表 6-2 中最后一列的数据可知，不同空间网格数对应的收敛阶都接近 2，由此可以判断本章所建立的数值格式在空间方向的收敛阶为 2。

表 6-2　空间 x 方向的收敛阶

Number of space steps	Error	Order
100	0.061 8	—
200	0.017 4	1.829 4
400	0.004 7	1.896 1
800	0.001 3	1.902 3

因为在线性方程组（6.12）式中，矩阵 $\mathbb{A}$是一个稠密的 Toeplitz 矩阵，如果用高斯消元法来求解该线性方程组，计算复杂度会非常高，所以为了提高计算效率，我们仍然用 FBi-CGSTAB 算法来求解（6.12）式。另外，为了能够直观地看到快速算法在计算过程中的优势，本书在表 6-3 中列出了高斯消元法、Bi-CGSTAB 以及 FBi-CGSTAB 三种方法在相同网格下的计算时间。在计算过程中本书固定时间方向上的网格点 $\alpha = 1.56$，$T = 0.1$，$K = 10$，$\gamma = 0.06$，$r = 0.05$，$D = 0.05$，$\sigma = 0.3$，$N = 100$，$x_d = 0.1$，$x_u = \ln(15)$，那么由表 6-3 中的数据可以看到 FBi-CGSTAB 方法很明显地减少了计算数值格式（5.48）式的时间。

表 6-3　Gaussina elimination、Bi-CGSTAB 以及 FBi-CGSTAB 的计算时间

Method	Number of space steps	CPU time
Gaussian elimination	2^7	3 min 12s
	2^8	8 min 51 s
	2^9	1h 6 min 29 s
	2^{10}	10 h 6 min 42 s
	2^{11}	—
Bi-CGSTAB	2^7	2.002 1s
	2^8	3.423 7 s
	2^9	10.612 7 s
	2^{10}	7 min 47 s
	2^{11}	32 min 13 s

表 6-3（续）

Method	Number of space steps	CPU time
FBi-CGSTAB	2^7	0.438 1 s
	2^8	1.001 1 s
	2^9	5.347 1 s
	2^{10}	18.910 3 s
	2^{11}	1min 53 s

二、参数影响分析

在图 6-1 中，本书呈现了期权价值关于障碍值的敏感性情况，由图 6-1中的三条曲线可知，欧式看涨向上敲出期权的价值关于障碍值是单调递增的。由定价模型（6.3）式~（6.6）式可知，障碍值 x_u 越大，模型的定义域就越大，又由于该类期权价值关于标的资产的价格是递增的，由此可判断欧式看涨向上敲出期权价值和障碍值是呈正相关的。

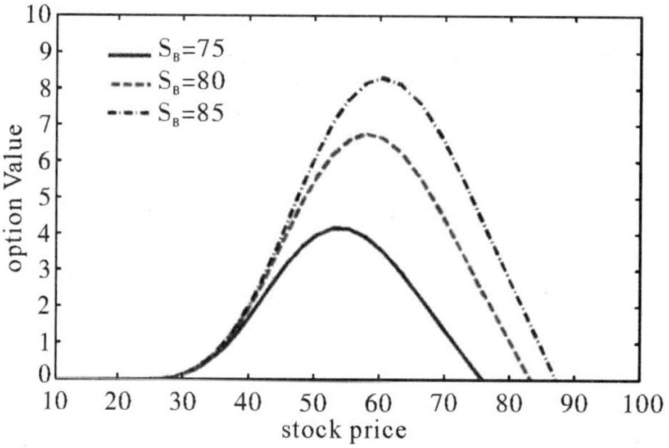

注：$\alpha = 1.52$，$\sigma = 0.20$

图 6-1　不同障碍值 S_B 下的期权价值

由图 6-2 中的曲线可知，当股票价格低于敲定价格时，欧式看涨向上敲出期权价值关于 FMLS 模型的尾部指数 α 是单调递增的，然而当股票价值高于敲定价值时，这种现象就会不复存在。由第三章中的预备知识可知，尾部指数 α 越小，由 FMLS 模型所诱导出来了的概率分布出现右厚尾的现象，并且此时随机变量出现跳跃的可能性会更大。所以在这种情况，如果当股票价格高于敲定价格时，投资者认为是利好现象，以至于愿意花更高的价格来购买期权合约，即期权价值变大。反之，当股票价格低于敲定价格时，投资者会认为是不利信息，以至于不愿意花高价购买期权合约，即期权的价值变小。如图 6-2 所示。

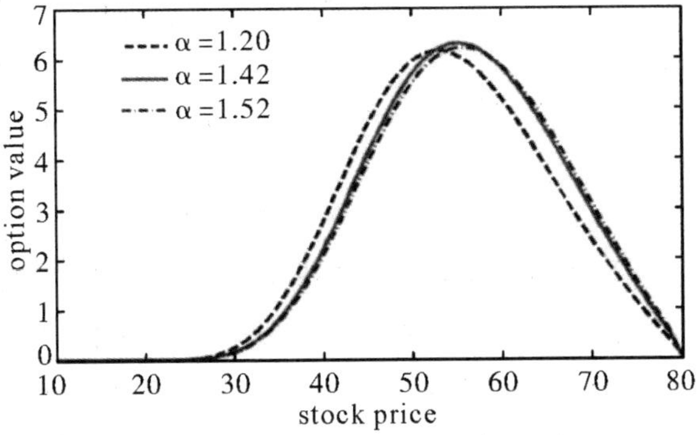

注：S_B = 80，σ = 0.20

图 6-2 不同尾部指数 α 下的期权价值

图 6-3 中呈现的是欧式看涨向上敲出期权价值关于参数 σ 的变化趋势。对于“价内期权”，期权价格关于参数 σ 是单调递增的，而对于“价外期权”，期权价格关于参数 σ 是单调递减的。一方面，参数团 $\sigma \mathrm{d}\, t^{1/\alpha}$ 的值和参数 σ 是呈正相关的，那么由第三章中的预备知识可得参数 σ 越大，股票价格的对数收益的统计偏差或者分散程度就会越高。那么对于“价内期权”，多头方就会获得更高的支付价值，而对于“价外期权”的多头方来说会获得更低的支付价值。

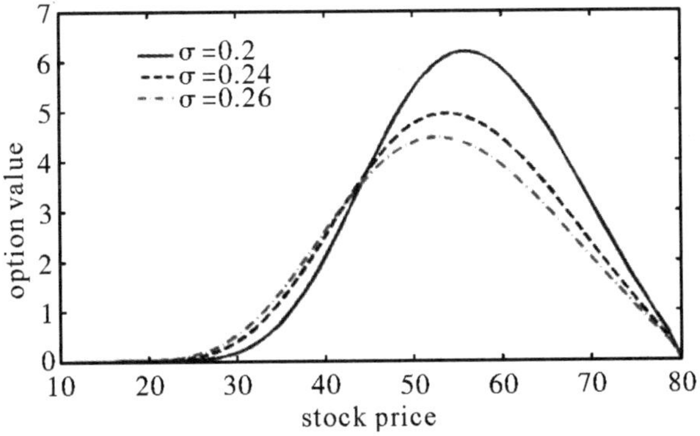

注：S_B = 80，α = 1.52

图 6-3 不同参数 σ 下的期权价值

第五节　本章小结

根据第三章中的预备知识，本章推导了欧式看涨向上敲出期权价值所适合的驱动方程，并根据该类期权合同的特点给出定价模型的边界条件。由于定价模型中的驱动方程是一个具有分数阶的偏微分方程，无法得到模型的解析解，所以本章为求解模型建立了一个具有二阶精度的有限差分方法，且为了确保理论的完整性，本章严格分析了数值算法稳定和收敛阶。另外，为了提高计算效率，我们用 FBi-CGSTAB 算法来求解最终的线性系统。在数值模拟中，本章首先对数值格式的精度进行了检验，结果表明数值格式在时间和空间上都具有二阶精度；其次是在相同的网格下对比了 Gaussina elimination、Bi-CGSTAB 以及 FBi-CGSTAB 三种算法计算速度；最后，根据期权价值随标的资产价格的变换规律，我们着重分析了障碍值 x_u、尾部指数 α 以及参数 σ 对期权价值的影响，并从不同的角度给出详细的解释。

第七章　基于 FMLS 过程的具有约束条件的股票抵押定价

第一节　本章导言

在第六章中考虑了 FMLS 框架下具有有限到期日的股票抵押定价问题，最终的结果进一步弥补了 BS 模型在解释真实金融市场上的不足，但在研究的过程中我们没有站在合约空头方所面临的风险方面去考虑问题，因为在原有的股票抵押合约中，空头方只有权力而没有义务，所以当股票价格下降到多头方放弃合约时，空头方就会损失贷款的本息，风险不言而喻。从这个角度来看，多头方所面临的风险（因为他们的最大损失就是手续费）要比空头方小得多，如果不解决这个问题，一旦市场受到负向冲击，作为多头方的金融机构可能会面临破产的威胁，从而引发可怕的次贷危机。由此可见，解决这个问题不仅具有实际意义，在风险管理的理论体系中也具有一定的理论意义。

为了解决上述问题，本章原股票抵押合同中增加一个强制性的约束条件：在合同有效的任何时刻 t，如果股票的市场价格 S_t 低于在签订合约时所设定好的一个障碍水平 $Be^{\gamma t}$，那么抵押合同就自动终止，合约空头方有权对股票进行处理，此时对于空头方来说合约不再具有价值。在这里需要说明一下，我们选择 $Be^{\gamma t}$ 作为障碍水平而不是用一个固定不变的常数 B 作为障碍水平，因为选择一个固定的常数作为障碍水平，所以随着时间的推移这个障碍值和累积贷款金额 $Ke^{\gamma t}$ 直接的差距就会越来越大，此时障碍值的作用就会逐渐被弱化。事实上，在原有的抵押合同中设定障碍值对双方都是有利的，首先对于空头方来说，增加约束条件好像对他们的权利进行了一定的限制，合同的价值受到影响，但他们在签订合同前所缴纳的手续费会较低；其次对于多头方来说，虽然收到的手续费较低，但他们所面临的风险可以大幅度减小。

第二节 具有约束条件股票抵押合同的定价模型

一、定价模型

相对于第五章中的研究对象来说，本章我们只是在原有合同中增加一个限制性条件，即是说：在初始时刻 $t=0$，投资者把市场价值为 S_0 的股票作为实物抵押给贷方以获得相应的贷款金额 K，在合同到期前的任何一个时刻 $t(0<t\leqslant T)$，投资者可以以 $Ke^{\gamma t}$（贷款金额+贷款利息）的金额赎回股票。但是，在投资者没有赎回股票之前，若股票的市面价格 S_t 下跌至障碍水平 $Be^{\gamma t}(B\neq 0)$ 或者比 $Be^{\gamma t}$ 还低的水平时，合同就自动终止，即合同的价值为零。因此，根据第六章中 FMLS 模型下股票抵押合同定价模型建立的机理，可以得到增加约束条件的定价模型：

$$\frac{\partial V(x,t)}{\partial t}+(r-D-v)\frac{\partial V(x,t)}{\partial x}+v_{x_B}D_x^{\alpha}V(x,t)=rV(x,t), \tag{7.1}$$

$$V(x_f,t)=e^{x_f}-Ke^{\gamma t}. \tag{7.2}$$

$$\frac{\partial V(x_f,t)}{\partial x}=S_f-Ke^{\gamma t}. \tag{7.3}$$

$$V(x,T)=\max(e^x-Ke^{\gamma t},0). \tag{7.4}$$

$$V(x_B(t),t)=0. \tag{7.5}$$

其中，$x\in[x_B(t),x_f]$，$x_B(t)=\ln B+\gamma t$，参数 r，γ，D 的含义同第五章中的一样。从形式上看，本章的模型和第六章中的模型就只有左边界条件不一样，而当 $Be^{\gamma t}\to-\infty$，模型（7.1）式~（7.5）式就会退化成第五章中的定价模型。

二、坐标变换

同第五章中的一样，为了消除时间因子 $e^{-\gamma t}$ 对数值结果的影响，我们做如下坐标变换

$$z = x - \gamma t,\ \tau = T - t,\ e^{-\gamma t}V(x,\ t) = C(z,\ \tau) \tag{7.6}$$

于是

$$\frac{\partial V(x,\ t)}{\partial t} = \gamma e^{\gamma t}C(z,\ \tau) - e^{\tau t}\frac{\partial C(z,\ \tau)}{\partial \tau} - \gamma e^{\gamma t}\frac{\partial C(z,\ \tau)}{\partial z} \tag{7.7}$$

$$\frac{\partial V(x,\ t)}{\partial x} = e^{\gamma t}\frac{\partial C(z,\ \tau)}{\partial z} \tag{7.8}$$

$$\begin{aligned}
{}_{x_B}D_x^{\alpha}V(x,\ t) &= \frac{1}{\Gamma(m-\alpha)}\frac{\partial^m}{\partial x^m}\int_{x_B}^{x}\frac{V(y,\ t)}{(x-y)^{1+\alpha-m}}\mathrm{d}y \\
&= \frac{1}{\Gamma(m-\alpha)}\frac{\partial^m}{\partial z^m}\int_{x_B}^{z+\gamma t}\frac{V(y,\ t)}{(z+\gamma t-y)^{1+\alpha-m}}\mathrm{d}y \\
&= \frac{1}{\Gamma(m-\alpha)}\frac{\partial^m}{\partial z^m}\int_{x_B}^{z+\gamma t}\frac{V(y,\ t)}{(z-(y-\gamma t))^{1+\alpha-m}}\mathrm{d}y \\
&= \frac{e^{\gamma t}}{\Gamma(m-\alpha)}\frac{\partial^m}{\partial y^m}\int_{x_B}^{z+\gamma t}\frac{V(y,\ t)}{(z-(y-\gamma t))^{1+\alpha-m}}\mathrm{d}y
\end{aligned}$$

令 $s = y - \gamma t$ ，那么

$$\begin{aligned}
{}_{x_B}D_x^{\alpha}V(x,\ t) &= \frac{e^{\gamma t}}{\Gamma(m-\alpha)}\frac{\partial^m}{\partial z^m}\int_{x_B-\gamma t}^{z}\frac{e^{-\gamma t}V(s+\gamma t,\ t)}{(z-s)^{1+\alpha-m}}\mathrm{d}s \\
&= \frac{e^{\gamma t}}{\Gamma(m-\alpha)}\frac{\partial^m}{\partial y^m}\int_{z_B}^{z}\frac{C(y,\ t)}{(z-s)^{1+\alpha-m}}\mathrm{d}y \\
&= e^{\gamma t}_{z_B}D_z^{\alpha}C(z,\ t)
\end{aligned}$$

即

$${}_{x_B}D_x^{\alpha}V(x,\ t) = e^{\gamma t}\ {}_{z_B}D_z^{\alpha}C(z,\ t) \tag{7.9}$$

将（7.6）式~（7.8）式代入（7.1）式，并且将模型（7.1）式~（7.5）式所有的边界条件都作相应的变换，可得

$$\frac{\partial C(z,\ \tau)}{\partial \tau} - (r-\gamma-D-\nu)\frac{\partial C(z,\ \tau)}{\partial z} - \nu\ {}_{z_B}D_z^{\alpha}C(z,\ \tau) - (\gamma - r)C(z,\ \tau) = 0$$

$$\tau \in [0,\ T],\ z \in [z_B,\ z_f],\ 1 < \alpha < 2 \tag{7.10}$$

$$C(z_B,\ \tau) = 0 \tag{7.11}$$

$$C(z_f,\ \tau) = e^{z_f} - K \tag{7.12}$$

$$\frac{\partial C(z_f,\ \tau)}{\partial z} = e^{z_f} \tag{7.13}$$

$$C(z,\ 0) = \max(e^z - K,\ 0) \tag{7.14}$$

其中，$z_f = x_f - \gamma t$，$z_B = \ln B$。事实上，模型（7.10）式~（7.14）式类似于美式看涨向下敲出期权的定价模型，并且定价模型中的目标方程是一个具有分数阶导数的偏微分方程。目前还没有文献对这类模型的求解进行研究，只有对在经典 BS 框架下的模型进行过研究。在 BS 框架下，求解美式看涨向下敲出的期权定价模型最常用的方法有三种：第一种是利用分解的技巧，主要以文献［70］为代表。因为美式期权（美式障碍期权）可以分解为欧式期权（欧式障碍期权）与提前执行溢价的和，所以在文献［70］中，笔者就利用这个基本的思想对美式看涨向下敲出期权定价模型进行求解。对于提前执行溢价的求解笔者应用的是停时原理。第二种方法是应用蒙特卡洛最小二乘方法来模拟，这种思想是由 Langstaff 和 Schwartz[71]共同提出来的。根据美式期权提前执行的约束，Langstaff 和 Schwartz 巧妙地应用了蒙特卡洛最小二乘法实现了这一约束条件。第三种方法是偏微分方程的有限差分方法，该方法是由 Zvan 等[72]提出来的，这种方法的思想是先利用差分格式对方程进行离散，在每个网格点上都对障碍约束进行判断，然后逐次迭代就可以得到模型的解。在本章，我们借鉴文献［72］中的方法来求解模型（7.10）式~（7.14）式，并用快速算法提升计算效率和减小计算机存储空间。

第三节 数值方法

先设定一个人工边界 $z_{\max} = \ln(S_{\max})$，并且

$$C(z_{\max},\ \tau) = \exp(z_{\max}) - K. \tag{7.15}$$

然后在定义域 $[z_B,\ z_{\max}] \times [0,\ T]$ 上对模型中的目标方程（6.10）式进行离散。令

$$\Delta z = \frac{z_{\max} - z_B}{M},\ \Delta\tau = \frac{T}{N},$$

分别为空间步长和时间步长，其中 M 和 N 是两个正整数。取

$$z_j = (j-1)\Delta z + z_B,\ j = 1,\ 2,\ \cdots,\ M+1,$$
$$\tau_i = (i-1)\Delta\tau,\ i = 1,\ 2,\ \cdots,\ N+1,$$

并且令 C_j^i 表示函数 $C(z,\ \tau)$ 在网格点 $(z_j,\ \tau_i)$ 上的近似值。对于一阶的空

间导数和时间导数，本书分别采用中心差分格式和向前欧拉格式，即

$$\frac{\partial C(z_j,\ t_i)}{\partial z} = \frac{C_{j+1}^{i} - C_{j-1}^{i}}{2\Delta z} + O(\Delta z^2)$$

$$\frac{\partial C(y_j,\ t_i)}{\partial t} = \frac{C_j^{i+1} - C_j^{i}}{\Delta t} + O(\Delta t)$$

另外，本书采用二阶精度公式[73]对 Riemann-Liouville 分数阶导数进行离散

$${}_0D_x^{\alpha}C(z_j,\ t_i) = \frac{1}{(\Delta z)^{\alpha}}\sum_{k=0}^{j+1}\omega_k C_{j-k+1}^{i} + O(\Delta z^2)$$

其中，ω_k 是分数阶微分系数并且由下面的关系式确定

$$\begin{cases}\omega_0 = \gamma_1 g_0,\ \omega_1 = \gamma_1 g_1 + \gamma_2 g_0 \\ \omega_k = \gamma_1 g_k + \gamma_2 g_{k-1} + \gamma_3 g_{k-2},\ k \geqslant 2\end{cases} \tag{7.16}$$

g_k 是 Riemann-Liouville 分数阶导数一阶离散系数，如（5.31）式。另外在（6.14）式中的参数 $\gamma_i(i = 1,\ 2,\ 3)$ 满足下面的线性方程组

$$\begin{cases}\gamma_1 + \gamma_2 + \gamma_3 = 1 \\ \gamma_1 - \gamma_3 = \dfrac{\alpha}{2}\end{cases} \tag{7.17}$$

如果取 γ_3 为自由变量，那么可以得到线性方程组（7.16）式的一般解

$$\begin{cases}\gamma_1 = \dfrac{\alpha}{2}{}_2 + \gamma_3 \\ \gamma_2 = \dfrac{2 - \alpha}{2} - 2\gamma_3\end{cases}$$

在本章的数值算例中我们取 $\gamma_3 = 0$。

综上，忽略离散方程误差阶可以得到方程（7.9）式的离散格式：

$$\frac{C_j^{i+1} - C_j^{i}}{\Delta \tau} - a\left[\theta\frac{C_{j+1}^{i+1} - C_{j-1}^{i+1}}{2\Delta z} + (1 - \theta)\frac{C_{j+1}^{i} - C_{j-1}^{i}}{2\Delta z}\right]$$

$$- \frac{\nu}{(\Delta z)^{\alpha}}\left[\theta\sum_{k=0}^{j+1}\omega_k C_{j-k+1}^{i+1} + (1 - \theta)\sum_{k=0}^{j+1}\omega_k C_{j-k+1}^{i}\right]$$

$$- (\gamma - r)\ [\theta C_j^{i+1} + (1 - \theta)\ C_j^{i}] = 0 \tag{7.18}$$

其中，$a = r - \gamma - D - \nu$，θ 是一个时间加权因子。当 $\theta = 1$ 时，数值格式（7.18）式就是隐格式；当 $\theta = 0$ 时，（7.18）式是显格式；当 $\theta = 0.5$ 时，（7.18）式是 Crank-Nicolson 格式。

根据学者 Zvan 等提出来的方法可知模型（7.10）式~（7.14）式的解可以通过下面的非线性代数方程求得

$$
\begin{cases}
\dfrac{\Phi_j^{i+1} - C_j^i}{\Delta\tau} = a F_1 + \dfrac{\nu}{(\Delta z)^\alpha} F_2 + (\gamma - r) F_3 \\
C_j^{i+1} = \begin{cases} 0, & z \leqslant z_B \\ \max[\Phi_j^{i+1}, \exp(z_j) - K, 0], & z > z_B \end{cases}
\end{cases}
\tag{7.19}
$$

其中

$$
\begin{cases}
F_1 = \theta \dfrac{C_{j+1}^{i+1} - C_{j-1}^{i+1}}{2\Delta z} + (1-\theta) \dfrac{C_{j+1}^i - C_{j-1}^i}{2\Delta z} \\
F_2 = \theta \sum_{k=0}^{j+1} \omega_k C_{j-k+1}^{i+1} + (1-\theta) \sum_{k=0}^{j+1} \omega_k C_{j-k+1}^i \\
F_3 = \theta C_j^{i+1} + (1-\theta) C_j^i
\end{cases}
$$

其矩阵形式为

$$
\begin{cases}
(\eta_1 I + b_1 B + c_1 A)\, \Phi^{i+1} = (\eta_2 I + b_2 B + c_2 A)\, C^i - E, \\
C^{i+1} = \begin{cases} 0, & z \leqslant 1 \cdot z_B \\ \max\{\Phi^{i+1}, 1 \cdot [\exp(z_j) - K], 0\}, & z > 1 \cdot z_B \end{cases}
\end{cases}
\tag{7.20}
$$

其中

$$
\begin{cases}
\eta_1 = 1 - \theta(\gamma - r)\Delta\tau, \ \eta_2 = 1 + (1-\theta)(\gamma - r)\Delta\tau, \\
b_1 = -\theta\Delta\tau a/(2\Delta z), \ b_2 = (1-\theta)\Delta\tau a/(2\Delta z), \\
c_1 = -\theta\Delta\tau\nu/(\Delta z)^\alpha, \ c_2 = (1-\theta)\Delta\tau\nu/(\Delta z)^\alpha,
\end{cases}
$$

$\Phi^{i+1} = (\Phi_2^i, \Phi_3^i, \cdots, \Phi_M^i)$，$C^i = (C_2^i, C_3^i, \cdots, C_M^i)$，$1 = (1, 1, \cdots, 1)^\tau$，$z = (z_2, z_3, \cdots, z_M)$

$E^{i+1} = (0, 0, \cdots, 0, \zeta)^\tau$，$\zeta = (b_1 + c_1\omega_0) C_{M+1}^{i+1} - (b_2 + c_2\omega_0) C_{M+1}^i$。$I$ 表示$M-1$ 阶的单位矩阵，A，B 都是（$M-1$）阶的 Toeplitz 矩阵：

$$
B = \begin{bmatrix}
0 & 1 & 0 & \cdots & 0 & 0 \\
-1 & 0 & 1 & \cdots & 0 & 0 \\
0 & -1 & 0 & \cdots & 0 & 0 \\
\cdots & \cdots & \ddots & \ddots & \vdots & \vdots \\
0 & 0 & 0 & \cdots & 0 & 1 \\
0 & 0 & 0 & \cdots & -1 & 0
\end{bmatrix},\quad
A = \begin{bmatrix}
\omega_1 & \omega_0 & 0 & \cdots & 0 & 0 \\
\omega_2 & \omega_1 & \omega_0 & \cdots & 0 & 0 \\
\omega_3 & \omega_2 & \omega_1 & \cdots & 0 & 0 \\
\vdots & \ddots & \ddots & \ddots & \ddots & \vdots \\
\omega_{M-2} & \omega_{M-3} & \omega_{M-4} & \cdots & \omega_1 & \omega_0 \\
\omega_{M-1} & \omega_{M-2} & \omega_{M-3} & \cdots & \omega_2 & \omega_1
\end{bmatrix}.
$$

同第六章中一样，为了提高计算效率和减小计算机的存储空间，在这里我们仍然采用相应的快速算法来求解模型，具体流程与上一章中的类似，所以在此我们不再赘述了。

第四节　数值实验

事实上，本章的模型和第六章中的模型只有左边界条件不一样，因此为了避免重复，在本节的参数冲击分析中，我们只着重进行股票抵押合同的价值及最佳赎回价格关于障碍水平的敏感性分析。除特别的说明外，本节将用下面的参数进行数值实验：初始贷款金额 $K = 20$，无风险利率 $r = 0.05$，贷款利率 $\gamma = 0.08$，股票红利率 $D = 0.1$，障碍水平 $B = 18$，尾部指数 $\alpha = 1.56$，$\sigma = 0.20$，$\theta = 1$。另外，为了进行对比分析，本节将以无约束条件合同（$B = 0$）的价值及最佳赎回策略作为参照物。

一、数值算法分析

我们在表 7-1 中列出了高斯消元法（Gaussina elimination）、Bi-CGSTAB 以及 FBi-CGSTAB 三种方法在相同网格下的计算数值格式时间。在计算过程中，本书固定时间方向上的网格点 $N = 100$，那么由表 7-1 中的数据可以看到，FBi-CGSTAB 方法很明显地减少了数值格式的计算耗时。由表 7-1 中的数据可知 FBi-CGSTAB 迭代算法明显优于高斯消元和 Bi-CG-STAB。

表 7-1　Gaussina elimination、Bi-CGSTAB **以及** FBi-CGSTAB **的计算时间**

	Number of space steps	CPU time
Gaussian elimination	2^7	6.942 0 s
	2^8	41.761 5 s
	2^9	351.064 7s ≈ 5 min 51 s
	2^{10}	3.701 9e+03s ≈ 1h 1 min 42 s
	2^{11}	—
Bi-CGSTAB	2^7	0.140 4 s
	2^8	0.280 8 s

表7-1(续)

	Number of space steps	CPU time
	2^9	0.468 0 s
	2^{10}	2.839 2 s
	2^{11}	19.188 1 s
FBi-CGSTAB	2^7	0.093 6 s
	2^8	0.109 2 s
	2^9	0.187 2 s
	2^{10}	0.343 2 s
	2^{11}	0.904 8 s

另外，为了检测本章所建立数值格式的精度，我们用一个相对较细的网格 $(M, N) = (1\ 000, 2\ 000)$ 来求出一个数值解记为 $C(z_j, t_i)_{ref}$，并把该解当作模型（7.10）式~（7.14）式近似的解析解，为了保证检测的准确度，在计算 $C(z_j, t_i)_{ref}$ 时采用 MATLAB 中的内置左除算法‘$A \backslash b$’。为了得到时间 t 方向上的收敛阶，我们固定空间步长 $\Delta z = (z_{\max} - z_{\min})/1\ 000$，误差定义为

$$Error = \|C(z, t) - C(z, t)_{ref}\|_2,$$

以及数值格式的收敛阶定义为

$$Order_{i+1} = \frac{\ln(Error_i) - \ln(Error_{i+1})}{\ln(N_{i+1}) - \ln(N_i)},$$

其中 N_i 表示时间层的网格数，计算结果如表 7-2 所示。因为表 7-2 中最后一列的数据比较接近 1，所以可以认为本章所建立的数值格式在时间方向的收敛阶为 1。

表 7-2　时间 t 方向的收敛阶

Number of time steps	Error	Order
200	0.102 1	—
400	0.054 7	0.901 2
800	0.028 5	0.942 1
1 600	0.014 9	0.931 7

类似地，为了得到空间变量 z 的收敛阶，先固定时间方向的步长 $\Delta t = T/2\,000$，然后将空间方向的网格从 200 增加到 800，通过计算得到表 7-3 中数据。因为表 7-3 中最后一列的数据都比较接近 2，由此可以判断数值格式的空间变量的收敛阶为 2。

表 7-3　空间 z 方向的收敛阶

Number of space steps	Error	Order
200	0. 102 3	—
400	0. 033 7	1. 601 9
600	0. 016 7	1. 729 7
800	0. 010 0	1. 793 5

二、参数冲击分析

在确认数值格式的准确性后，接下来本书将根据数值结果来分析障碍水平 B 对股票抵押价值和最佳赎回价格的影响。根据文献［74］的可知函数 $\exp(z_f)$ 关于合同的到期日是单调递增的，并且关于障碍水平则是单调递减的，因为 $\exp(z_f)$ 可以视为是某个美式看涨向下敲出期权的最佳执行价格，如图 7-1 所示。

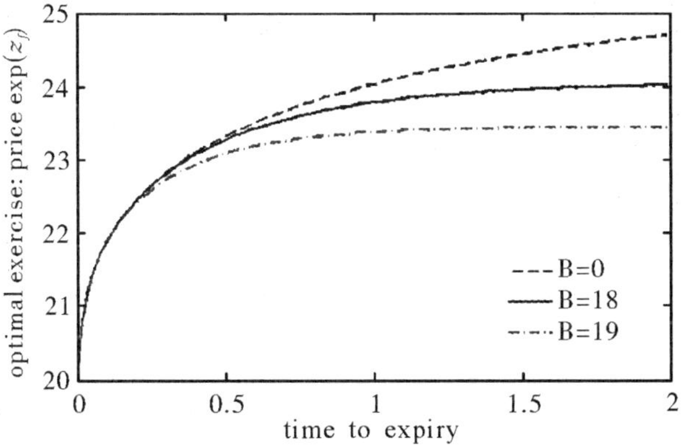

注：$K = 20$，$r = 0.05$，$D = 0.1$，$\gamma = 0.08$，$\alpha = 1.56$，$\sigma = 0.20$

图 7-1　美式看涨向下敲出模型（7.9）式~（7.13）式的最佳执行边界 $\exp(z_f)$

图 7-1 中曲线的变化规律不仅体现了本章所建立的模型是正确的，还

说明了本章所用的方法是有效的。因此基于这个数值结果，接下来我们将通过（7.9）式的逆变换得到具有约束条件的股票抵押合同的价值和最佳赎回边界。

在图 7-2 中，我们绘制了带约束条件的股票抵押定价模型的最佳赎回边界，根据图 7-2 中曲线的变化规律可以得到如下两个结论：第一，股票抵押合同的最佳赎回价格关于障碍水平是单调递减的；第二，越靠近到期日约束条件的作用就越不明显，即是说越靠近到期日，股票抵押合同最佳赎回价格受对障碍的变化所做出的反应就越不明显。我们从两个方面对图 7-2 中曲线的变化加以解释：一方面，相对于无约束条件的抵押合同，障碍值的存在会使得合同的多头方面临失去股票的风险，尤其是当障碍值越接近贷款金额 K 时这种可能性会非常大，那么合同的多头方会选择降低赎回价格来防止这种情况发生，所以具有约束条件的股票抵押合同的最佳赎回价格关于障碍值是单调递减的。另一方面，随着合同到期日的临近，股票触碰障碍值的可能性会越来越低。换言之，越临近到期日，股票抵押合同中合同多头方的行为对约束条件的反应就越不敏感；越远离到期日，投资的行为对约束条件的反应程度就越敏感。所以，图 7-2 中的三条曲线在到期日附近几乎是重合的。

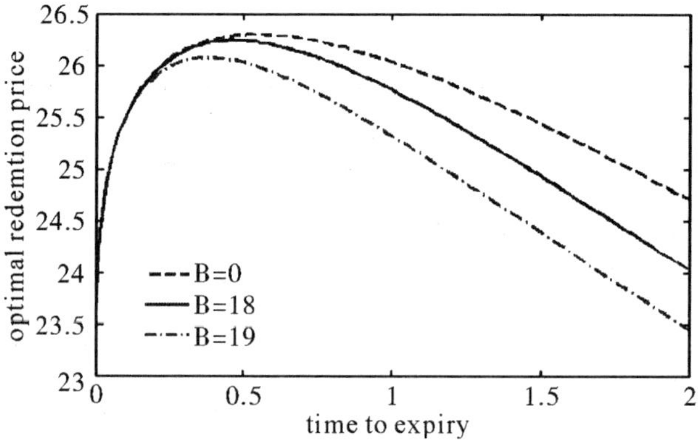

注：$K = 15$，$r = 0.05$，$D = 0.1$，$\gamma = 0.1$，$\alpha = 1.52$，$\sigma = 0.20$

图 7-2　带约束条件的股票抵押合同的最佳赎回价格

图 7-3 中所呈现的是股票抵押合同（有约束和无约束）的价值曲线，根据图 7-3 中曲线的变化规律可以得出以下结论：障碍水平越高，相同标的资产所对应的股票抵押的价值越低，即带约束股票抵押价值关于障碍水

平是单调递减的；另外，随着股票的价格越高，障碍水平对抵押合同价值的影响就越小。我们从下面三个角度来解释图 7-3 中曲线的变换规律。首先，带有约束条件抵押合同定价模型的定义域要比无约束条件抵押合同定价模型的定义域小，所以不难得出无约束合同的价值不会低于约束合同的价值。其次，从某种某种程度上讲，在原有的合同中增加一个强制的终止条件就等同于削弱了合同持有者的权利，那么此时对于合同持有者来说其价值会减小，并且如果障碍水平越高，对合同持有者持有合同的价值就越小。最后，当股票的初始价格越高，即初始价格与障碍水平之间的差距就越大，那么股票价格下跌至该障碍的可能性就会很小，所以在股票的初始价格很高的情况下，带约束条件的股票抵押价值对障碍水平的反应越不敏感。

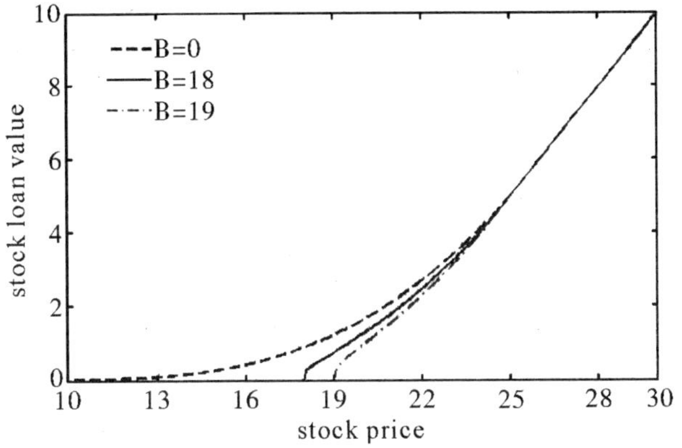

注：$K = 20$，$r = 0.05$，$D = 0.1$，$\gamma = 0.06$，$\alpha = 1.56$，$\sigma = 0.20$

图 7-3 带约束条件的股票抵押合同的价值

在一个具有约束条件的股票抵押合同中，障碍水平一旦固定，投资者就只能在一定的范围内来行使权力。那么，对于一个理性的投资者来说正向因素仍然会使该投资者选择在较高的价格水平上赎回股票，在负向因素面前也必然会选择在较低的价格水平上赎回股票。另外，从定价数学模型上可以直观地看到障碍水平与 FMLS 模型尾部指数 α、参数 σ、贷款利率 γ 以及股票的红利率 D 都是相互独立的，换句话说，障碍值的存在并不会干扰这四个参数对模型的解产生影响。

图 7-4 分别呈现的是 FMLS 模型的尾部指数 α 、参数 σ 、贷款利率 γ 以及股票的红利率 D 对带有约束条件的股票抵押最佳赎回价格的影响。对比第六章中相应参数对最佳赎回价格的影响可以发现这四个参数对这两个模型（有约束模型和无约束模型）的最佳赎回价格的影响是相同的；即抵押合同最佳赎回价格关于参数 α 和 D 单调递减，关于参数 σ 单调递增，对于不同的贷款利率 γ 最佳赎回价格曲线会出现相交的现象。

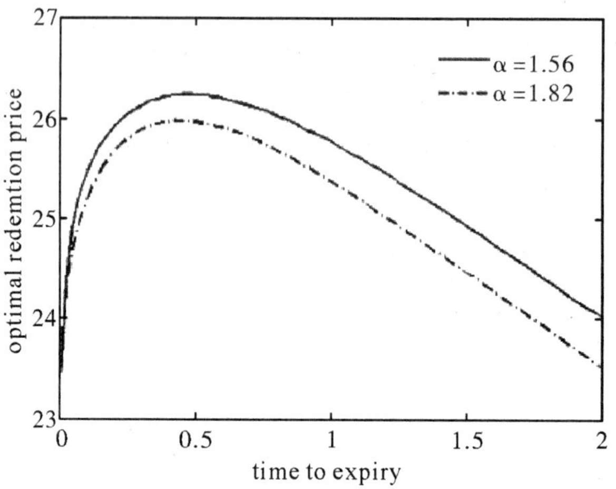

注：$\gamma = 0.08$，$\sigma = 0.2$，$D = 0.1$

(a)

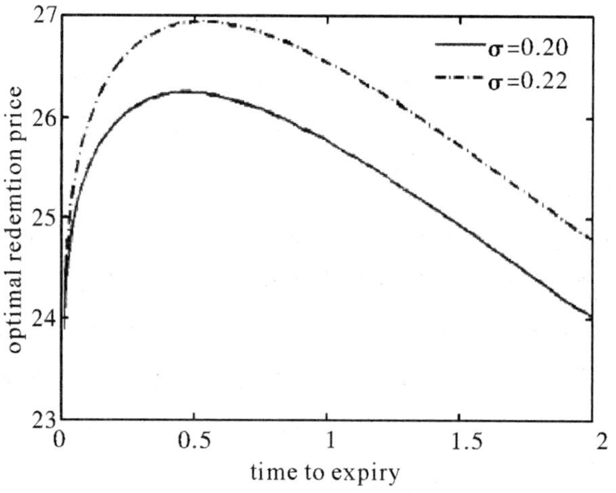

注：$\gamma = 0.08$，$\alpha = 1.56$，$D = 0.1$

(b)

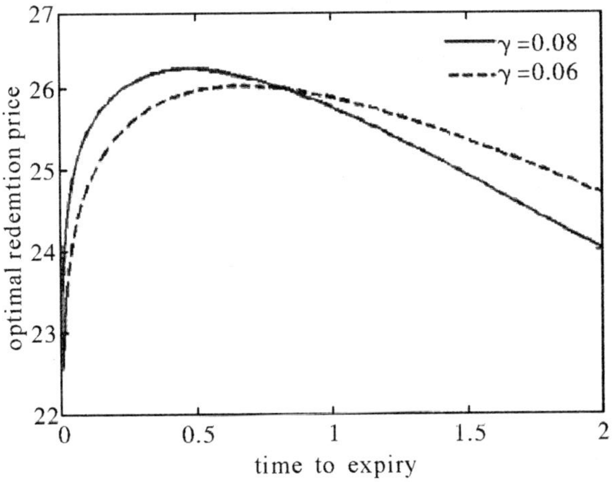

注：$\alpha = 1.56$，$\sigma = 0.2$，$D = 0.1$

(c)

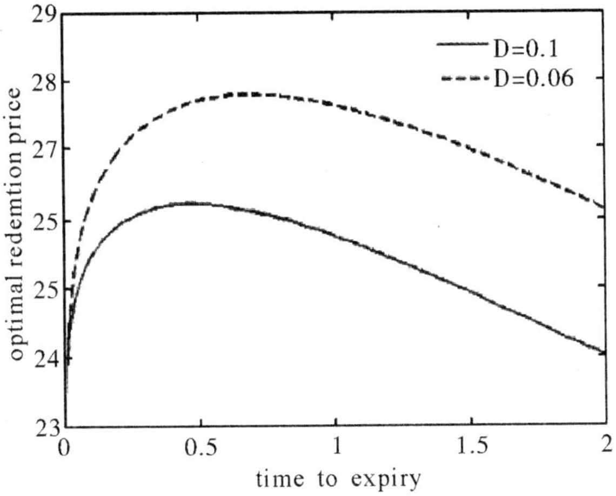

注：$\gamma = 0.08$，$\sigma = 0.2$，$\alpha = 1.56$

(d)

注：$K = 20$，$r = 0.05$，$B = 18$

图 7-4　带约束条件的股票抵押合同的最佳赎回边界

一般情况下，因为具有有限到期日的股票抵押合同的到期日时间相对较长，部分合同到期日可能会是五年甚至更长的时间。所以本书在这里分别绘制了到期日为五年和六年的股票抵押合同的最佳赎回价格，分别如

图 7-5和图 7-6 所示。这两幅图中的曲线的变换规律与到期日为两年的股票抵押合同的最佳赎回价格曲线的变换规律是一致的，而且股票抵押合同的最佳赎回价格曲线对障碍值的反应同到期日较短的合同是一样的，那么这就说明了本书对具有股票抵押合同所建立的定价模型是正确的；同时也说明了本书所进行坐标变换和所应用的算法具有较长的到期日的股票抵押合同是有效的。

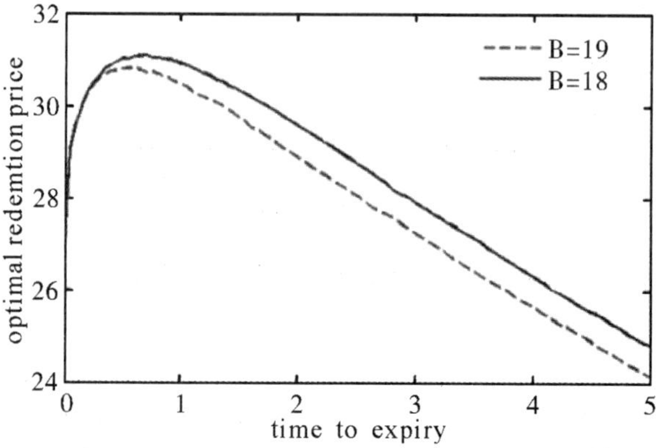

注：$r = 0.05$，$\gamma = 0.06$，$\sigma = 0.20$，$K = 20$，$D = 0.1$，$\alpha = 1.56$

图 7-5　股票抵押的最佳赎回价格

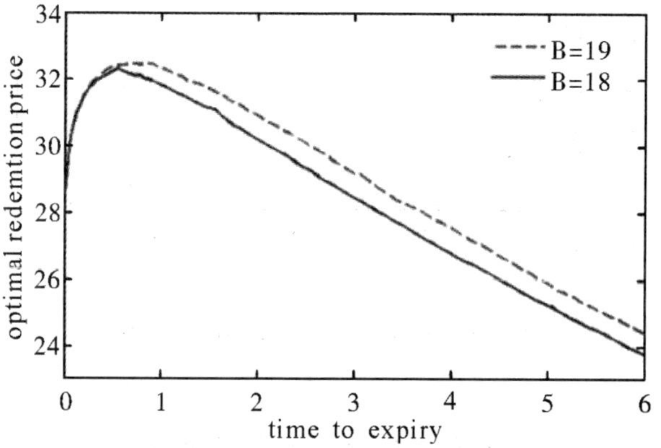

注：$r = 0.05$，$\gamma = 0.06$，$\sigma = 0.20$，$K = 20$，$D = 0.1$，$\alpha = 1.56$

图 7-6　股票抵押的最佳赎回价格

第五节　本章小结

本章在 FMLS 框架下研究了带有约束条件的股票抵押的定价问题。在 FMLS 框架下，股票抵押价值由一个分数阶偏微分方程所驱动，其定价模型同美式看涨期权向下敲出相类似，不同的是在股票抵押定价模型里面敲定价格（$Ke^{\gamma t}$）是随时间变化的而不是一个常数 K。所以为了消除时变的敲定价格对计算的影响，我们引入新的变量，把原定价模型变换到新的坐标系中；并且在新的坐标系中定价模型可以视为一个具有负利率的美式看涨向下敲出期权的定价模型，然后本书用偏微分方程法对变换后的数学模型进行求解。

本章的数值结果表明，障碍值越大带约束条件的股票抵押合同的价值就越小；而且在给定障碍水平的前提下随着股票价格增加，合同的价值对障碍水平的反应越不敏感。另外，股票抵押合同的最佳赎回价格关于障碍值是单调递减的，而且越靠近合同的到期日，障碍值对最佳赎回价格的影响越小。无论从数学模型本身还是从金融的角度上来讲，障碍值对股票抵押合同的价值和最佳赎回边界的影响都可以得到合理的解释。在数值模拟中，本书还发现约束模型中的参数 D，σ，γ 和 α 对股票抵押的最佳赎回价格的影响同这四个参数在无约束模型中对最佳赎回边界的影响是一致的。

第八章　FMLS框架下考虑跳扩散过程的股票抵押定价

第一节　本章导言

在第五章至第七章中，本书在FMLS框架下研究了欧式期权和具有有限到期日的股票抵押合同的定价问题。

实证研究表明，股票价格的对数收益不仅会出现剑锋后尾的现象，而且还会出现“跳跃的现象”。下面举几个具有代表性的例子。1987年，由于经济预期的不断恶化以及地中海东部与南部区域政治经济局势的严峻形势，造成了美国华尔街的整体崩盘的局面，使得美国金融市场的风险资产指数在一夜之间出现了大幅度下跌的现象。1997年，泰国政府宣布完全放弃货币的固定汇率制度，实行浮动汇率制，任由本国货币的汇率浮动，由此引发了著名的亚洲金融危机。由于此次金融风暴的蔓延，享有“亚洲四小龙”美誉的中国香港、韩国都受到非常严重的影响，这两个国家和地区金融市场也是在一夜之间出现大幅度下跌的现象；另外，作为亚洲最发达的国家——日本也相继受到较为严重的影响。在2008年，由美国次贷危机所引发的全球性的金融危机，同样使得美国乃至其他国家的金融市场受到严重冲击，多只股票和指数不仅出现下跌甚至出现停盘的现象。在2020年，受全球性新冠肺炎疫情影响，国际商品市场受到了前所未有的冲击，国际金融市场上的产品价格出现负数，这也使得国内外的风险资产指数大幅度下跌。

当股票价格出现“跳跃的现象”时，连续时间的FMLS模型无法刻画其变化过程。因此，为了能够更加准确地反映这种现象，本书在把符合

Possion 的跳跃过程引入到 FMLS 模型中。在新的驱动框架下，股票抵押合同价值的驱动方程是一个具有分数阶导数的积分-偏微分方程。本章仍在惩罚函数的基础上建立相应的数值格式并进行相应的证明。

第二节　定价数学模型

一、数学模型

考虑一个完备的概率空间（Ω，F_t，$\mathbb{P}$），其中 $t \in [0, T]$，T 是一个有限时间点。假设在概率 $\mathbb{P}$ 存在一个等价鞅测度 $\mathbb{Q}$，并且在该鞅测度下股票价格对数形式服从以下的随机微分方程[75,17]

$$\mathrm{d}\, x_t = (r - D - \nu - \xi\zeta)\,\mathrm{d}t + \sigma \mathrm{d}\, L_t^{\alpha,\ -1} + \mathrm{d}\Big(\sum_{i=1}^{N_t} Y_i\Big). \tag{8.1}$$

其中 r，D，ν 所代表的意义和第七章中的一样。N_t 是一个 Possion 过程，$\xi \geqslant 0$ 是 Possion 过程 N_t 的特征参数。$\{Y_i,\ i = 1,\ 2,\ \cdots\}$ 是一系列独立同分布的超指数随机变量，其概率密度函数如下

$$f_Y(y) = \sum_{i=1}^{m_1} \hat{p}_i\, \hat{\theta}_i\, e^{-\hat{\theta}_i y}\, 1_{\{y \geqslant 0\}} + \sum_{j=1}^{m_2} \tilde{p}_j\, \tilde{\theta}_j\, e^{-\tilde{\theta}_j y}\, 1_{\{y \leqslant 0\}}. \tag{8.2}$$

其中，$\hat{p}_i \geqslant 0(i = 1,\ 2,\ \cdots,\ m_1)$，$\tilde{p}_i \geqslant 0(i = 1,\ 2,\ \cdots,\ m_2)$ 分别是不同类型正跳和负跳的概率，且 $\sum_{i=1}^{m_1} \hat{p}_i + \sum_{j=1}^{m_2} \tilde{p}_j = 1$。参数 $\hat{\theta}_i > 1(i = 1,\ 2,\ \cdots,\ m_1)$，$\tilde{\theta}_j > 0(j = 1,\ 2,\ \cdots,\ m_2)$ 分别是上下随机跳跃的震级参数。随机变量 Y_i 的平均跳跃尺度为

$$\zeta = \mathbb{E}_{\mathbb{Q}}[\exp(Y_1) - 1] = \sum_{i=1}^{m_1} \frac{\hat{p}_i\, \hat{\theta}_i}{\hat{\theta}_i - 1} + \sum_{j=1}^{m_2} \frac{\tilde{p}_j\, \tilde{\theta}_j}{\hat{\theta}_j + 1} - 1. \tag{8.3}$$

其中，$\mathbb{E}_{\mathbb{Q}}$ 是概率测度 $\mathbb{Q}$ 下的期望算子。

那么根据文献［76］中的结论，我们可以得到在框架（8.1）式基础上的具有有限到期日的股票抵押合同价值 $V(x,\ t)$ 的驱动方程，

$$\frac{\partial V(x,\ t)}{\partial t} + (r - D - v - \xi\zeta)\,\frac{\partial V(x,\ t)}{\partial x} + \xi \int_{-\infty}^{+\infty} V(x + y,\ t)\, f_Y(y)\, d_Y + v\ {}_{-\infty}D_x^{\alpha} V(x,\ t) = (r + \xi)\, V(x,\ t). \tag{8.4}$$

其中，$1 < \alpha < 2$，$x \in (-\infty,\ x_f]$，$x_f = \ln(S_t)$ 是股票抵押合同的最近赎回

价格，${}_{-\infty}D_x^{\alpha}V(x,\ t)$ 是左 Riemann-Liouville 分数阶导数，其定义同第七章中的一样。

事实上，相对于第五章来说，在这里我们只是改变了股票价格的驱动方程，对于股票抵押合同的特性并没有发生改变。因此，在这里股票抵押定价模型的边界条件同第四章中的是一致的，具体如下：

$$\lim_{x \to -\infty} V(x,\ t) = 0. \tag{8.5}$$

$$V(x_f,\ t) = e^{x_f} - K e^{\gamma t}. \tag{8.6}$$

$$\frac{\partial V(x_f,\ t)}{\partial x} = S_f = e^{x_f}. \tag{8.7}$$

$$V(x,\ T) = \max(e^x - K e^{\gamma T},\ 0). \tag{8.8}$$

另外，对于一个理想的投资者来说，在合同的有效期内，如果合同的持有价值大于执行价值，那么该投资者不会选择赎回股票，即是说，合同价值不会小于执行价值。故对于 $x \leqslant x_f$，$0 \leqslant t \leqslant T$，下面的不等式要恒成立

$$V(x,\ t) \geqslant \max(e^x - K e^{\gamma t},\ 0). \tag{8.9}$$

二、坐标变换

在边界条件（8.7）式和（8.9）式中存在含有时间因子的项 $K e^{\gamma t}$，如果直接用这个边界建立数值格式，那么含有时间因子的边界会对最终的数值结果产生影响。因此，为了消除这个时间因子，本节作如同（5.16）式一样的坐标变换，由此可得如下的模型。

$$\frac{\partial U(y,\ t)}{\partial t} + a\frac{\partial U(y,\ t)}{\partial y} + \xi\int_{\infty}^{+\infty} U(y+z,\ t) f_Y(z)\,\mathrm{d}z$$
$$+ v\, {}_{-\infty}D_z^{\alpha}U(y,\ t) = (r + \xi - \gamma)\, U(y,\ t). \tag{8.10}$$

$$U(y_f,\ t) = e^{y_f} - K. \tag{8.11}$$

$$\frac{\partial U(y_f,\ t)}{\partial y} = y_f = e^{y_f}. \tag{8.12}$$

$$\lim_{y \to -\infty} U(y,\ t) = 0. \tag{8.13}$$

$$U(y,\ T) = \max(e^y - K,\ 0). \tag{8.14}$$

其中，$a = (r - \nu - \xi\zeta - D - \gamma) < 0$，$y \in (-\infty,\ e^{y_f})$，$t \in [0,\ T]$。相应地，不等式（8.9）式变换为如下形式

$$U(y, t) \geqslant \max(e^y - K, 0). \tag{8.15}$$

从形式上看，以上模型中的函数 $U(y, t)$ 可视为以 K 执行价格，e^{y_f} 为最佳执行边界，$\gamma - r$ 为无风险利率的美式看涨期权的价格。也正因为如此，我们无法得到该模型的解析解。

第三节 数值方法

一、惩罚函数法

由于模型（8.10）式~（8.14）式中的自由边界 e^{y_f} 是未知的，无法直接建立数值格式，所以在建立数值格式之前我们首先在模型的目标方程中加入一个惩罚函数项以消除未知的自由边界。

定义惩罚函数为

$$\frac{\varepsilon H}{U_\varepsilon(y, t) + \varepsilon - q(y)}. \tag{8.16}$$

其中，ε 是一个正则常数并且 $0 < \varepsilon \ll 1$，H 是一个常数，有

$$q(y) = e^y - K.$$

将（8.16）式引入模型（8.10）式~（8.14）式可得如下模型

$$\frac{\partial U_\varepsilon(y, t)}{\partial t} + a\frac{\partial U_\varepsilon(y, t)}{\partial y} + \xi\int_{-\infty}^{+\infty} U_\varepsilon(y + z, t) f_Y(z)\,\mathrm{d}z$$

$$+ {}_{-\infty}D_z^\alpha U_\varepsilon(y, t) + \frac{\varepsilon H}{U_\varepsilon + \varepsilon - q} = (r + \xi - \gamma) U_\varepsilon(y, t). \tag{8.17}$$

$$\lim_{y \to -\infty} U_\varepsilon(y, t) = 0. \tag{8.18}$$

$$U_\varepsilon(y, T) = \max(e^y - K, 0). \tag{8.19}$$

$$U_\varepsilon(y_{\max}, t) = e^{y_{\max}} - K. \tag{8.20}$$

其中，$e^{y_{\max}}$ 表示标的资产价格的最大值。按照第五章中的做法，在这里我们取 $e^{y_{\max}} = 3K$。另外，为了方便表述，我们将省略函数 $U_\varepsilon(y, t)$ 的下标。接下来，我们将对模型（8.17）式~（8.20）式建立具有一阶精度的全隐格式。

二、有限差分格式

不失一般性，取 $\Delta y > 0$ 作为空间步长，且存在一个正整数 M 使得

$M\Delta y = e^{y_{\max}}$。取 $\Delta t = T/N$ 作为时间步长。于是

$$y_j = (j-1)\Delta y,\ t_i = (i-1)\Delta t, \tag{8.21}$$

其中，$j = \cdots, -2, -1, 0, 1, 2, M+1$；$i = 1, 2, \cdots, N+1$。目标方程中的分数阶导数以及整数阶导数的离散方式同第五章中的一样，故不再赘述。而对于目标方程中积分项的离散，我们将采用梯形法则[76]，于是

$$\int_{-\infty}^{+\infty} U(y_j + z, t_i) f_Y(z)\,\mathrm{d}z \approx \sum_{l=0}^{M} \rho_{l-j}^{M} [U_l^i + U_{l+1}^i] + R_j. \tag{8.22}$$

其中

$$\rho_j^M = \frac{1}{2}\int_{j\Delta y}^{(j+1)\Delta y} f_Y(z)\,\mathrm{d}z = \begin{cases} \frac{1}{2}\sum_{l=1}^{m_1} \hat{p}_l [e^{-\hat{\theta}_l j\Delta y} - e^{-\hat{\theta}_l (j+1)\Delta y}], & j \geqslant 0, \\ \frac{1}{2}\sum_{l=1}^{m_1} \hat{p}_l [e^{\hat{\theta}_l (j+1)\Delta y} - e^{\hat{\theta}_l j\Delta y}], & j \leqslant 0. \end{cases} \tag{8.23}$$

且

$$\begin{aligned} R_j &= \int_{y_{M+1}-y_j}^{+\infty} (e^{y_j+z} - K e^{rt_i}) f_Y(z)\,\mathrm{d}z \\ &= e^{z_j}\sum_{l=1}^{m_1} \frac{\hat{p}_l \hat{\theta}_l}{\hat{\theta}_l - 1} e^{(1-\hat{\theta}_l)(y_{\max}-z_j)} - K e^{rt_i}\sum_{l=1}^{m_1} \hat{p}_l e^{-\hat{\theta}_l (y_{\max}-y_j)} \\ &= (e^{y_{\max}} - K e^{rt_i}) \sum_{l=1}^{m_1} \frac{\hat{p}_l}{\hat{\theta}_l} e^{-\hat{\theta}_l (y_{\max}-y_j)}. \end{aligned} \tag{8.24}$$

综上，我们可以得到方程（8.17）式的离散格式，

$$\frac{U_j^{i+1} - U_j^i}{\Delta t} + a\frac{U_j^i - U_{j-1}^i}{\Delta y} + \frac{\nu}{(\Delta y)^{\alpha}}\sum_{k=0}^{\infty} g_k U_{j+1-k}^i + \sum_{l=0}^{M} \rho_{l-j}^{M} [U_l^i + U_{l+1}^i] + R_j + \frac{\epsilon H}{U_j^i + \epsilon - q_j} + (\gamma - \xi - r) U_j^i = 0. \tag{8.25}$$

相应的，边界条件的离散形式为

$$\lim_{j\to-\infty} U_j^i = 0,\ U_{M+1}^i = e^{y_{\max}} - K,\ U_j^{N+1} = \max(e^{y_j} - K, 0),$$

其中，U_j^i 表示函数 $U(x, t)$ 在网格点 (y_j, t_i) 上的值。接下来，我们将在（8.25）式的基础上证明不等式（8.15）式仍然成立。在证明之前，本书先给出如下引理。

引理 8.1 对所有的角标 j，(8.23) 式中的 ρ_j^M 和 (8.24) 式中的 R_j 都有界，并且

$$\sum_{j=-\infty}^{M} \rho_j^M \leqslant \frac{1}{2}. \tag{8.26}$$

$$R_j \leqslant e^{y_{\max}} - K. \tag{8.27}$$

证明 (1) $f_Y(y)$ 是随机变量 Y_i 的概率密度函数，因此由 (8.23) 式可得

$$\sum_{j=-\infty}^{M} \rho_j^M = \sum_{j=-\infty}^{M} \frac{1}{2} \int_{jy}^{(j+1)y} f_Y(z)\,\mathrm{d}z \leqslant \frac{1}{2} \int_{-\infty}^{+\infty} f_Y(z)\,\mathrm{d}z = \frac{1}{2}.$$

(2) 由于 $\hat{p}_i \geqslant 0$，$\hat{\theta}_i > 1$ 并且 $\exp(y_{\max}) = 3K$ 或者 $4K$，所以

$$\begin{aligned} R_j &= (e^{y_{\max}} - K\,e^{rt_i}) \sum_{l=1}^{m_1} \frac{\hat{p}_l}{\hat{\theta}_l} e^{-\hat{\theta}_l(y_{\max}-y_j)} \\ &\leqslant (e^{y_{\max}} - K\,e^{rt_i}) \sum_{l=1}^{m_1} \hat{p}_l \\ &\leqslant e^{z_{\max}} - K. \end{aligned}$$

定理 8.1 如果数值格式 (8.25) 式的时间步长 $\Delta t \leqslant \dfrac{1}{|\gamma - r - \xi - 1|}$

并且

$$H \geqslant |\gamma - r - \xi| e^{y_{\max}} + |a| e^{y_{\max}} + v \frac{(e^{y_{\max}} - 1)^{\alpha}}{(y_{\max})^{\alpha}} + \bar{K}, \tag{8.28}$$

其中，$\bar{K} = 2[\exp(y_{\max}) - K]$，那么对于所有的 $j = -\infty, \cdots, -2, -1, 0, \cdots, M+1$; $i = N+1, N, \cdots, 1$。由 (8.25) 式得到的股票抵押合同价值的 $\{U_j^i\}$ 满足如下不等式

$$U_j^i \geqslant \max(q_j, 0). \tag{8.29}$$

证明 我们首先证明对于所有的 j，$U_j^i \geqslant q_j$ 都成立。令

$$u_j^i = U_j^i - q_j,$$

且由模型的边界条件可得 $u_j^{N+1} = U_j^{N+1} - q_j \geqslant 0$。把函数 u_j^i 带入 (8.25) 式后可得

$$\begin{aligned} \left[1 - (\gamma - r - \xi)\Delta t - \frac{a\Delta t}{\Delta y}\right] u_j^i &= u_j^{i+1} - \frac{a\Delta t}{\Delta y} u_j^i + \frac{\nu \Delta t}{(\Delta y)^{\alpha}} \sum_{k=0}^{\infty} g_k\, u_{j-k-1}^i \\ &+ \frac{\varepsilon H}{u_j^i + \varepsilon - q_j} + \sum_{l=0}^{M} \rho_{l-j}^M [u_l^i + u_{l+1}^i]\,\Delta t - \Delta t\,E_j. \end{aligned} \tag{8.30}$$

其中

$$E_j = -(\gamma - r - \xi)e^{y_j} - \frac{a}{\Delta z}(e^{y_{j-1}} - e^{y_j})$$

$$- \frac{\nu}{(\Delta y)^{\alpha}} \sum_{k=0}^{\infty} g_k(e^{j-k+1} - K) - \sum_{l-j}^{M} \rho_{l-j}^{M}[e^{y_l} + e^{y_{l+1}} - 2K] - R_j$$

因为 $\left|\frac{e^{\Delta y} - 1}{\Delta y}\right| \leqslant \frac{e^{y_{\max}} - 1}{y_{\max}} \leqslant 1$ 且 $\sum_{k=0}^{\infty} g_k = 0$，所以

$$|E_j| \leqslant |\gamma - r - \xi| e^{y_{\max}} + |a| e^{y_{\max}} + R_j$$

$$+ \left|\sum_{l=0}^{M} \rho_{l-j}^{M}[e^{y_l} + e^{y_{l+1}} - 2K]\right| + \left|\frac{v}{(\Delta y)^{\alpha}} \sum_{k=0}^{\infty} g_k e^{j-k+1}\right|.$$

另外，当 $|y| \leqslant 1$，$(1 - y)^{\alpha} = \sum_{k=0}^{\infty} g_k y^{-k}$，同时 $\sum_{k=0}^{\infty} g_k e^{y_{j-k+1}} = e^{y_{j+1}} \sum_{k=0}^{\infty} g_k e^{-k\Delta y}$，于是

$$\left|\sum_{k=0}^{\infty} g_k e^{-k\Delta z}\right| = \left|v \frac{(1 - e^{-\Delta y})^{\alpha}}{(\Delta y)^{\alpha}}\right| \leqslant v \frac{(e^{y_{\max}} - 1)^{\alpha}}{(y_{\max})^{\alpha}}.$$

如果我们取 $\bar{K} = 2[\exp(y_{\max}) - K]$，那么

$$\left|\sum_{l=0}^{M} \rho_{l-j}^{M}[e^{y_l} + e^{y_{l+1}} - 2K]\right| \leqslant \left|\sum_{l=0}^{M} \rho_{l-j}^{M} \bar{K}\right| \leqslant \bar{K} \sum_{l=0}^{M} \rho_{l-j}^{M} \leqslant \frac{1}{2}\bar{K}.$$

综上可得，

$$|E_j| \leqslant |\gamma - r - \xi| e^{y_{\max}} + |a| e^{y_{\max}} + v \frac{(e^{y_{\max}} - 1)^{\alpha}}{(y_{\max})^{\alpha}} + \bar{K}. \quad (8.31)$$

令

$$u^i = \min_j u_j^i,$$

并且取 J 是使得 $u_J^i = u^i$ 的脚标。由于 $a < 0$，$\rho_j^M > 0$，且当 $k \neq 1$ 时 $g_k > 0$，那么由（8.25）式可得

$$\left[1 - (\gamma - r - \xi)\Delta t - \frac{a\Delta t}{\Delta y}\right] u^i \geqslant u_J^{i+1} - \frac{a\Delta t}{\Delta y} u^i$$

$$+ \frac{\nu\Delta t}{(\Delta y)^{\alpha}} \sum_{k=0}^{\infty} g_k u^i + \frac{\varepsilon H}{u_i + \varepsilon - q_j} + 2\sum_{l=0}^{M} \rho_{l-j}^{M} u^i \Delta t - \Delta t E_j. \quad (8.32)$$

化解整理后可得

$$\left[1 - \left(\gamma - r - \xi - 2\sum_{l=0}^{M} \rho_{l-j}^{M}\right)\Delta t\right] u^i - \frac{\varepsilon H}{u^i + \varepsilon} + \Delta t E_j \geqslant u_J^{i+1} \geqslant u^{i+1}.$$

根据（8.26）式及 $\Delta t \leqslant \dfrac{1}{|\gamma - r - \xi - 1|}$ 得

$$1 - \left(\gamma - r - \xi - 2\sum_{l=0}^{M} \rho_{l-j}^{M}\right) \Delta t \geqslant 0.$$

为方便叙述我们取

$$A = \left[1 - \left(\gamma - r - \xi - 2\sum_{l=0}^{M} \rho_{l-j}^{M}\right) \Delta t\right].$$

定义函数

$$f(x) = Ax - \frac{\varepsilon \Delta t C}{x + \varepsilon} + \Delta t\, E_j,$$

如果假设 $u^{i+1} \geqslant 0$，那么

$$f(u^i) \geqslant 0.$$

因为，

$$f(0) = \Delta t(E_j - H) \leqslant 0,$$

且

$$f'(x) = A + \frac{\epsilon \Delta t C}{(x + \epsilon)^2} > 0,$$

又 $u_j^{N+1} \geqslant 0$，根据数学归纳法可得 $u^i \geqslant 0$，自然地 $u_j^i \geqslant 0$. 因此对于所有的 i, j 有

$$U_j^i \geqslant q_j,$$

都成立。

接下来，我们将证明对于所有的 i, j, $U_j^i \geqslant 0$ 也成立。不失一般性，我们取

$$U^i = \min_j U_j^i,$$

且令 J 是使得 $U_J^i = U^i$ 成立的脚标。于是由（8.25）式可得

$$\left[1 - (\gamma - r - \xi)\Delta t - \frac{a\Delta t}{\Delta x}\right] U^i \geqslant U_J^{i+1} - \frac{a\Delta t}{\Delta y} U^i$$
$$+ \frac{\nu \Delta t}{(\Delta y)^{\alpha}} \sum_{k=0}^{\infty} g_k\, u^i + \frac{\varepsilon H}{U_J^i + \varepsilon - q_j} + 2\sum_{l=0}^{M} \rho_{l-j}^{M}\, U^i \Delta t.$$

化简后可得

$$\left[1 - \left(\gamma - r - \xi - 2\sum_{l=0}^{M} \rho_{l-j}^{M}\right) \Delta t\right] U^i \geqslant \frac{\varepsilon \Delta t H}{U_J^i + \varepsilon - q_J} + \Delta t\, R_J + U^{i+1}.$$

前面我们已经证明了 $U_j^i \geqslant q_j$，又因为 $\dfrac{\varepsilon \Delta t H}{U_J^i + \varepsilon - q_J} > 0$ 及 $R_j > 0$，所以

$$\left[1 - \left(\gamma - r - \xi - 2\sum_{l=0}^{M} \rho_{l-j}^{M}\right)\Delta t\right] U^i \geqslant U^{i+1},$$

上面式子中的括号中的表达式是大于 0 且小于 1 的，因此

$$U^i \geqslant U^{i+1}.$$

另外，对于所有的 j，$U_j^{N+1} = \max[\exp(y_j) - K, 0] \geqslant 0$，即 $U^{N+1} \geqslant 0$，因此，由数学归纳法可得对于所有的 i，j 都有

$$U_j^i \geqslant 0.$$

都成立。至此我们就完成了定理 8.1 的证明。

事实上，贷款利率 $\gamma \in (0, 1)$，$r \in (0.1)$，且根据文献［77］的研究结论可知参数 $\xi \leqslant 10$。所以在定理 8.1 中关于时间步长 $\Delta t \leqslant \dfrac{1}{|\gamma - r - \xi - 1|}$ 的限制是不苛刻的，在数值算法中很容易满足。另外，定理的结论表明，由本章所建立的数值格式得到的股票抵押合同的价值 $U_j^i \geqslant \max(q_j, 0)$，这也是本章的主要贡献之一。

为了能够在计算机上执行数值格式（8.25）式，需要对半无穷区域 $[-\infty, y_{\max}] \times [0, T]$ 进行截断。这里我们将该区域截为如下形式：

$$[y_{\min}, y_{\max}] \times [0, T],$$

本书取 $y_{\min} = \ln(0.01)$，并且 $U(y_{\min}, \Delta t) = 0$。在这种情况下，我们重新定义空间步长 $\Delta y = (y_{\max} - y_{\min})/M$，且

$$y_j = y_{\min} + (j-1)\Delta y,\ j = 1, 2, \cdots, M+1.$$

如果令

$$\eta_1 = \frac{a\Delta t}{\Delta y},\ \eta_2 = -\frac{\Delta t \nu}{(\Delta y)^{\alpha}},\ \eta_3 = 1 - \Delta t(\gamma - \xi - r) - \eta_1,$$

及

$$W_j^M = \rho_j^M + \rho_{j-1}^M,\ j = 0, \pm 1, \pm 2, \cdots, \pm(M-1),$$

那么数值格式（8.25）式的矩阵形式可以表示为：

$$(\eta_3 \mathfrak{I} + \eta_1 B + \eta_2 A - \Delta t W) U^i - F(U^i) = U^{i+1} - E^i - \Delta t R^i. \quad (8.33)$$

其中 $U^i = (U_2^i, U_2^i, \cdots, U_M^i)^{\tau}$，$F(U^i) = (f(U_2^i), f(U_3^i), \cdots, f(U_M^i))^{\tau}$，

$$f(U_j^i) = \frac{\Delta t \epsilon H}{U_j^i + \epsilon - q_j},$$

$\mathfrak{I}$ 表示 $(M-1)\times(M-1)$ 单位矩阵，

$$W=\begin{bmatrix} W_0^M & W_1^M & W_2^M & \cdots & W_{M-2}^M & W_{M-1}^M \\ W_{-1}^M & W_0^M & W_1^M & \cdots & W_{M-3}^M & W_{M-2}^M \\ W_{-2}^M & W_{-1}^M & W_0^M & \cdots & W_{M-4}^M & W_{M-3}^M \\ \vdots & \ddots & \ddots & \ddots & \vdots & \vdots \\ W_{2-M}^M & W_{3-M}^M & W_{4-M}^M & \cdots & W_0^M & W_1^M \\ W_{1-M}^M & W_{2-M}^M & W_{3-M}^M & \cdots & W_{-1}^M & W_0^M \end{bmatrix},$$

$$B=\begin{bmatrix} 0 & \cdots & 0 & 0 \\ 1 & \cdots & 0 & 0 \\ \vdots & \vdots & \vdots & \vdots \\ 0 & \cdots & 0 & 0 \\ 0 & \cdots & 1 & 0 \end{bmatrix}_{(M-1)\times(M-1)}, \quad A=\begin{bmatrix} g_1 & g_0 & 0 & \cdots & 0 \\ g_2 & g_1 & 0 & \cdots & 0 \\ g_3 & g_2 & g_0 & \cdots & 0 \\ \vdots & \ddots & \ddots & \ddots & \vdots \\ g_{M-2} & g_{M-3} & \cdots & g_1 & g_0 \\ g_{M-1} & g_{M-2} & \cdots & g_2 & g_1 \end{bmatrix}.$$

$R^i=(R_2^i, R_3^i, \cdots, R_M^i)^\tau$，$E^i=(0, 0, \cdots, \varrho)_{M-1}^\tau$ 且

$$\varrho=\left(-\eta_2 g_0-\sum_{l=0}^{M-1}\rho_l\right)U_{M+1}^i.$$

事实上，由于方程（8.33）式中惩罚函数项 $F(U^i)$ 关于 U^i 是非线性的，以至于不能直接求出方程的解，所以本书应用 Newton-type 迭代方法来求解该方程，即

$$\begin{aligned}&[\eta_3\mathfrak{T}+\eta_1 B+\eta_2 A-\Delta t W-J_F(\omega^{l-1})]\,\delta\omega^l \\ &=U^{i+1}-E^i-\Delta t R^i+F(\omega^{l-1})-[\eta_3\mathfrak{T}+\eta_1 B+\eta_2 A-\Delta t W]\,\omega^{l-1}.\end{aligned} \tag{8.34}$$

$$\omega^l=\omega^{l-1}+\kappa(\omega^l-\omega^{l-1})$$

其中 $l=1, 2, \cdots$，每一个时间层的迭代初始值为 $\omega^0=U^{i+1}$ 且 $\delta\omega^l=\omega^l-\omega^{l-1}$. $J_F(\omega^{l-1})$ 是向量 $F(\omega^l)$ 的 Jacobian 矩阵，$\kappa\in(0, 1)$ 是一个调整参数。如果 $\|\omega^l-\omega^{l-1}\|_\infty\leqslant\theta$，那么 $U^i=\omega^l$，这里 θ 是一个充分小的量。在本章的算例中，我们取 $\kappa=0.2$，$\theta=10^{-4}$，$\varepsilon=10^{-5}$。

令

$$M=\eta_3\mathfrak{T}+\eta_1 B+\eta_2 A-\Delta t W-J_F(\omega^{l-1}),$$

$$b^l=U^{i+1}-E^i-\Delta t R^i+F(\omega^{l-1})-[\eta_3\mathfrak{T}+\eta_1 B+\eta_2 A-\Delta t W]\,\omega^{l-1}$$

那么线性方程（8.34）式可以表示为

$$M(\delta\omega^l)=b^l. \tag{8.35}$$

因为矩阵 A 和 W 都属于稠密矩阵以至于 M 也是一个稠密矩阵，如果用普通的高斯消元法来求线性方程（8.35）式，不仅会增加计算机的储存空间，而且还会增加计算量，所以为了提升计算效率，在下一节中本书将用 FBi-CGSTAB 算法来求解（8.34）式。

第四节　数值结果

一、数值方法的检验

在进行参数影响分析之前，必须对本章所建立的模型以及所构建方法的合理性和有效性进行检验。由于在第七章已经对 FBi-CGSTAB 算法的高效性进行了检验，为了避免重复，在这里本节不在对算法的性质进行分析。在无其他说明的情况下，本章的参数取值为 $r=0.05$，$\alpha=1.52$，$\sigma=0.2$，$D=0.1$，$T=2$，$K=20$，$\gamma=0.06$，$\hat{p}=0.06$，$\hat{\theta}=1.2$，$\tilde{\theta}=0.02$，$\xi=0.01$。在图 8-1 中，我们展现了不同参数团下的 $U(y,\ t)-\max(e^y-K,\ 0)$ 的曲面，该图中的两张曲面都在 xoy 平面的上方，由此可断定 $U(y,\ t)\geq\max(e^y-K,\ 0)$ 是恒成立的。另外，我们在不同参数团下展现了 $U(y,\ t)$ 的曲面，如图 8-2 所示。由图 8-2 中的曲面可判断，本章所构建的数值格式可以得到光滑且稳定的数值解。

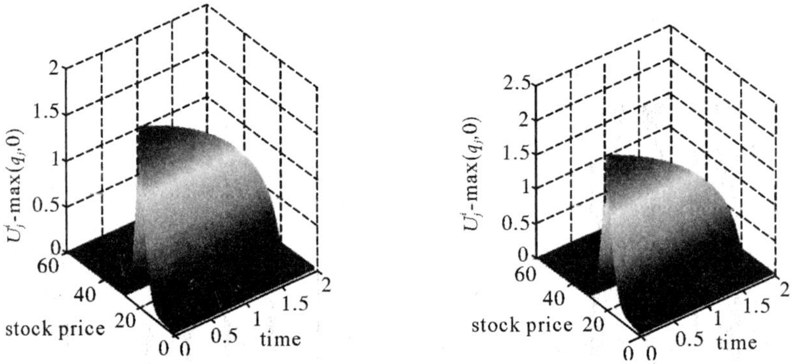

注：$\hat{p}=0.06$，$\hat{\theta}=1.2$，$\tilde{\theta}=0.02$，$\xi=0.02$

(a)

注：$\hat{p}=0.05$，$\hat{\theta}=1.3$，$\tilde{\theta}=0.03$，$\xi=0.03$

(b)

图 8-1　曲面 $U(y,\ t)-\max(e^y-K,\ 0)$

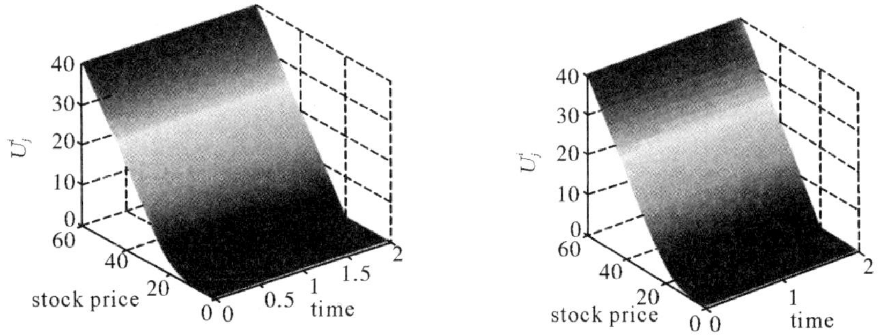

注：$\hat{p} = 0.06$，$\hat{\theta} = 1.2$，

$\tilde{\theta} = 0.02$，$\xi = 0.02$

(a)

注：$\hat{p} = 0.05$，$\hat{\theta} = 1.3$，

$\tilde{\theta} = 0.03$，$\xi = 0.03$

(b)

图 8-2　曲面 $U(y, t)$

正如前文所描述的那样，函数 $U(y, t)$ 可视为以 K 为执行价格，e^{y_f} 为最佳执行边界，$\gamma - r$ 为无风险利率的美式看涨期权的价格。那么，e^{y_f} 关于合同的到期日是单调递增的，$U(y, 0)$ 关于股票价格也是单调递增的，于是我们分别在图 8-3 和图 8-4 中画出 e^{y_f} 关于合同到期日的变化情况以及 $U(y, 0)$ 关于股票价格的变化情况。图 8-3 和图 8-4 中的曲线说明了本书建立的定价数学模型以及数值方法都是有效的。

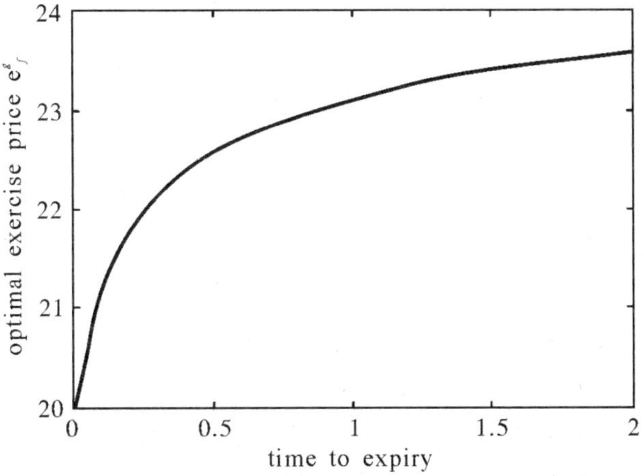

图 8-3　函数 e^{y_f} 关于到期日的变化情况

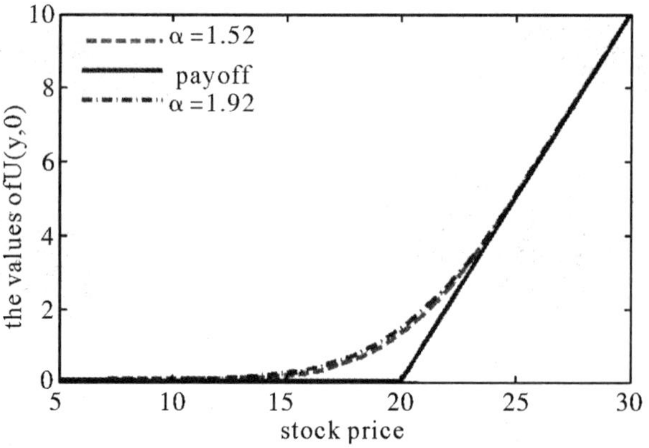

图 8-4　函数 $U(y, 0)$ 关于股票价格的变化情况

二、参数影响分析

在第五章中，我们已经做了参数 D，r，γ，α 及 σ 对股票抵押合同价值及合同的最优赎回价格的敏感性分析，并从数学模型本身或经济背景的视角出发给出相应的原因，所以在本章我们不再赘述。

在本章的模型部分已经提到，模型中的参数 ξ，$\hat{p}$，$\hat{\theta}$ 及 $\tilde{\theta}$ 决定了股票价格运动的跳跃轨迹。自然地，这四个参数也会对合同的最佳赎回价格产生重要的影响，所以我们在这里将深入剖析合同的最佳赎回边界对这四个参数的敏感性情况。

在图 8-5 中，我们展现了股票抵押合同的最佳赎回价格曲线在不同参数 ξ 下的渐进情况。由前文的表述可知，参数 ξ 是衡量 Possion 过程 N_t 发生跳跃的尺度参数，并且 ξ 的值越大，随机过程 N_t 跳跃的幅度就越大。再由股票抵押合同的支付函数可知，当标的资产的振幅越大的时候，合同持有者所能获得的收益就会越大，那么作为一名理性的投资者肯定会选择一个更高的价格水平来执行合同。换言之，在其他条件不变的情况下，合同的最佳赎回价格关于参数 ξ 是单调递增的。

从图 8-6 的曲线可知，股票抵押合同的最佳赎回边界关于参数 $\hat{p}$ 是单调递减的。由（8.3）式可知，参数 ζ 和 $\hat{p}$ 是呈正相关的，而由（8.1）式可知股票对数收益的平均值和参数 ζ 是负相关的，由此不难断定 $\hat{p}$ 的值越大股票的收益会越小。所以，当 $\hat{p}$ 的值越大的时候，股票所带来的收益就会越小，持有股票的风险也会随之增大，那么抵押合同的持有者只愿意用一个更低的价格来赎回股票；反之，如果当 $\hat{p}$ 的值变小时，合同的持有者愿意花更高的价格来赎回股票。综上所述，股票抵押合同的最佳赎回价格关于参数 $\hat{p}$ 是单调递减的。另外，由于 $\hat{p}$ 和 $\tilde{p}$ 的作用是相反的，而且 $\hat{p}+\tilde{p}=1$，不难判断 $\tilde{p}$ 和股票抵押合同的最佳赎回边界是呈负相关的，事实上，图 8-6 中的图例也可以直接写为 $\tilde{p}=1.96$，$\tilde{p}=1.95$。所以在这里我们就不单独分析参数 $\tilde{p}$ 对股票抵押合同赎回价格的影响。

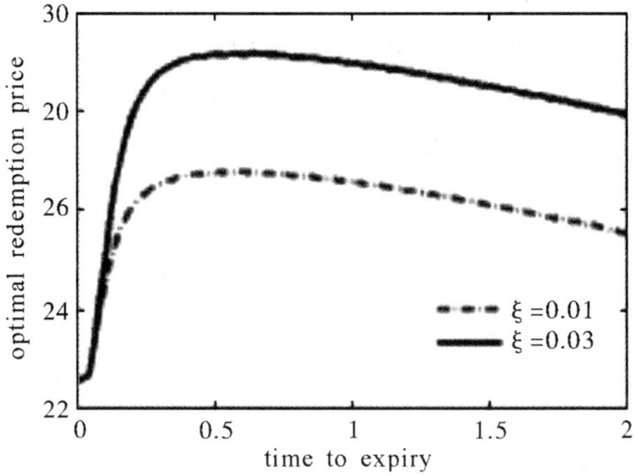

图 8-5　不同参数 ξ 下的最佳赎回边界的渐进情况

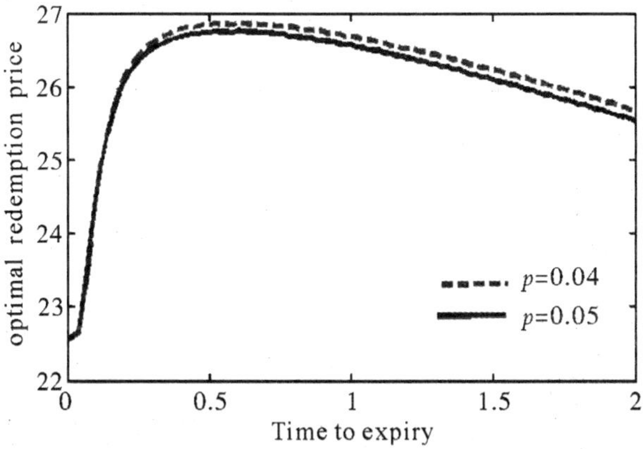

图 8-6　不同参数 $\hat{p}$ 下的最佳赎回边界的渐进情况

接下来，我们将分析参数 $\hat{\theta}$ 及 $\tilde{\theta}$ 对股票抵押合同最佳赎回价格的动态变化过程。由超指数随机变量 $\{Y_i,\ i=1,\ 2,\ \cdots\}$ 的概率密度函数（8.2）式可知，参数 $\hat{\theta}$ 及 $\tilde{\theta}$ 分别控制了该密度函数右侧和左侧的衰减率，并且当这两个参数值越大时，密度函数左右两侧的衰减率就越大。首先，我们来分析股票抵押合同最佳赎回价格对参数 $\hat{\theta}$ 的敏感性。因为参数 $\hat{\theta}$ 越大，随机变量 $\{Y_i,\ i=1,\ 2,\ \cdots\}$ 概率密度函数的右侧的衰减率就越大，这也意味着标的资产正收益部分就会越来越少，那么持有股票所能带来的收益也就会越小，作为一名理性合同持有者只会愿意出更低价格来赎回股票，所以合同的赎回价格关于参数 $\hat{\theta}$ 是单调递减的，如图 8-7 所示。同理，我们可以得到合同的赎回价格关于参数 $\tilde{\theta}$ 是呈正相关的，如图 8-8 所示。另外，对于市场上不利的消息，投资者总会做出较大的反应；相反，对于有利消息投资者的反应却不会很大。因此，这就解释了股票抵押合同的最佳赎回边界对参数 $\hat{\theta}$ 的敏感性要远强于对参数 $\tilde{\theta}$ 敏感性。

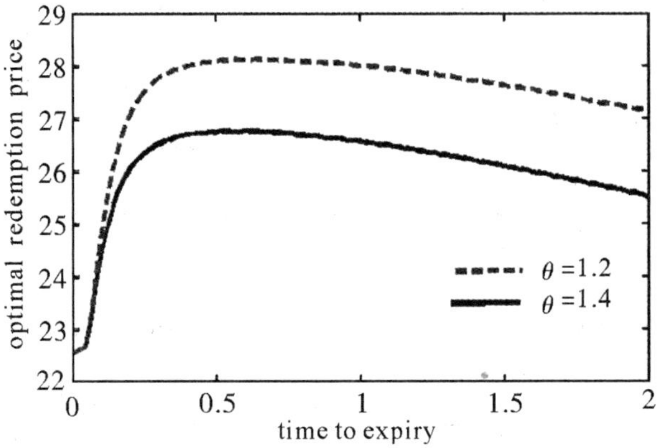

图 8-7　不同参数 $\hat{\theta}$ 下的股票抵押合同的最佳赎回边界

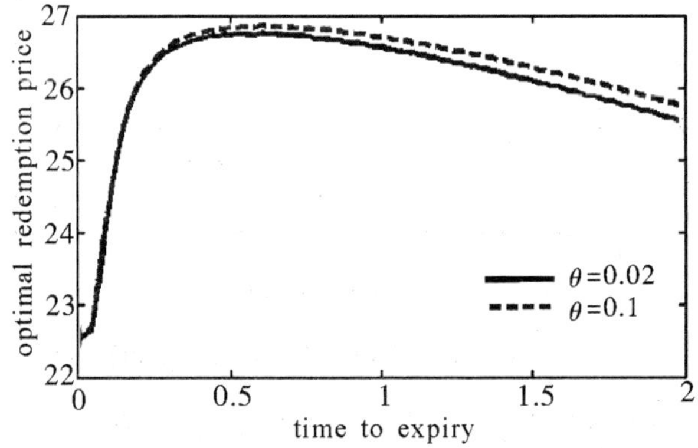

图 8-8　不同参数 $\hat{\theta}$ 下的股票抵押合同的最佳赎回边界

第五节 本章小结

本章在 FMLS 模型下考虑跳扩散过程的具有有限到期日的股票抵押定价问题，并对求解该数学模型建立了相应的算法。基于本章所建立的算法，我们从理论上证明了，股票抵押合同的持有价值不抵押合同的执行价值，这也是本章的主要创新点之一。同时，这一理论证明进一步拓宽了惩罚函数在自由边界问题中的应用范围。

在本章的第五节中，我们用数值算例对模型的合理性以及算法的有效性进行了检验。函数 $U(y, t)$ 曲面的光滑性以及函数 $e^{\gamma f}$ 的单调性说明我们所建立的模型是合理的。另外，我们从数学和金融角度下深入剖析了模型中的主要参数 ξ，$\hat{p}$，$\hat{\theta}$ 及 $\tilde{\theta}$ 对抵押合同的最佳赎回价格的影响。

第九章　FMLS 框架下考虑跳扩散和机制转移的股票抵押定价研究

第一节　本章导言

在第七章中考虑了股票发生跳跃的情况，因此，我们将复合的 Possion 跳引入股票的驱动方程，在此基础上对股票抵押问题展开研究。然而，对于某些情况具有带跳的模型也无法刻画。比如，当金融市场处于真实商业周期的交替区时，宏观市场、微观市场上的经济指标都会发生变化，以至于股票的状态指数发生变换。

对于连续的 BS 模型，甚至是第七章中我们所考虑的模型都无法捕捉市场的这种随机特征，因此，在这里我们将机制转移引入带跳的 FMLS 模型。机制转移的引入能够很好地刻画经济、金融市场发生动态变化的现象，并且每两个市场状态之间都存在相互交替可能性，所以本章用马尔科夫链来诠释市场状态之间相互交替的可能性。

相对于前面几章中的定价模型，本章的模型要复杂得多。首先本章模型中的目标方程是一个由 d（d 表示市场状态的数量）个复杂的偏微分-积分方程的耦合而成非线性方程，相应的也存在 d 个自由边界条件，所以本章模型的求解难度相对较大，并且现有文献中没有针对这类模型的求解进行研究，所以我们为求解这类模型提出一个新的数值算法。

第二节　数学模型

一、定价模型

考虑一个完备的概率空间（Ω，F_t，$\mathbb{P}$），其中 $t \in [0, T]$，T 是一个有限时间点。假设在概率 $\mathbb{P}$ 存在一个等价鞅测度 $\mathbb{Q}$，并且在该测度下股票价格对数形式服从以下的随机微分方程[76]

$$\mathrm{d}\,x_t = [r(\mathcal{X}(t)) - v(\mathcal{X}(t)) - \xi\zeta]\mathrm{d}t + \sigma(\mathcal{X}(t))\,\mathrm{d}\,L_t^{\alpha,\ -1} + \mathrm{d}\Big(\sum_{i=1}^{\mathrm{N}_t} Y_i\Big)\,, \tag{9.1}$$

其中 r，D，ν 所代表的意义和第八章中的一样。$\mathcal{X}(t)$ 是一个具有 d 个状态的马尔科夫链，且记 $\mathcal{X}_k$，$k \in \mathbb{D}=\{1, 2, \cdots, d\}$。假设在每个经济状态下都存在一个无风险利率 $r(\mathcal{X}(t)) = r_k$，参数 $\sigma(\mathcal{X}(t)) = \sigma_k$ 以及突性调整 $v(\mathcal{X}(t)) = v_k = -\sigma_k^{\alpha}\sec(\alpha\pi/2)$。$N_t$ 是一个 Possion 过程，$\xi \geqslant 0$ 是 Possion 过程 N_t 的特征参数。$\{Y_i, i = 1, 2, \cdots\}$ 是一系列独立同分布的超指数随机变量，其概率密度函数如下

$$f_Y(y) = \sum_{i=1}^{m_1} \hat{p}_i\,\hat{\theta}_i\,e^{-\hat{\theta}_i y}\,1_{\{y\geqslant 0\}} + \sum_{j=1}^{m_2} \tilde{p}_j\,\tilde{\theta}_j\,e^{-\tilde{\theta}_j y}\,1_{\{y\leqslant 0\}}\,, \tag{9.2}$$

其中 $\hat{p}_i \geqslant 0(i=1, 2, \cdots, m_1)$，$\tilde{p}_i \geqslant 0(i=1, 2, \cdots, m_2)$ 分别是不同类型正跳和负跳的概率，且 $\sum_{i=1}^{m_1}\hat{p}_i + \sum_{j=1}^{m_2}\tilde{p}_j = 1$。参数 $\hat{\theta}_i > 1(i = 1, 2, \cdots, m_1)$，$\tilde{\theta}_j > 0(j = 1, 2, \cdots, m_2)$ 分别是上下随机跳跃的震级参数。随机变量 Y_i 的平均跳跃尺度为

$$\zeta = \mathbb{E}_{\mathbb{Q}}[\exp(Y_1) - 1] = \sum_{i=1}^{m_1}\frac{\hat{p}_i\,\hat{\theta}_i}{\hat{\theta}_i - 1} + \sum_{j=1}^{m_2}\frac{\tilde{p}_j\,\tilde{\theta}_j}{\hat{\theta}_j + 1} - 1\,, \tag{9.3}$$

其中，$\mathbb{E}_{\mathbb{Q}}$ 是概率测度 $\mathbb{Q}$ 下的期望算子。令

$$Q=\begin{bmatrix} -q_{11} & q_{12} & q_{13} & \cdots & q_{1d} \\ q_{21} & -q_{22} & q_{23} & \cdots & q_{2d} \\ \vdots & \ddots & \ddots & \ddots & \vdots \\ q_{d-1,\ 1} & q_{d-1,\ 2} & \cdots & -q_{d-1,\ d-1} & q_{d-1,\ d} \\ q_{d1} & q_{d2} & \cdots & q_{d,\ d-1} & -q_{d,\ d} \end{bmatrix},$$

表示马尔科夫链的转换矩阵，对所有 i，j，$q_{ij} \geqslant 0$ 且

$$\sum_{j=1,\ j\neq k}^{d} q_{jk} = q_{kk},\quad k \in \mathbb{D}.$$

那么根据文献［76］中的结论可知，股票抵押合同价值在该框架满足如下的耦合方程

$$\frac{\partial V(k;\ x,\ t)}{\partial t} + (r_k - v_k - D - \xi\zeta)\frac{\partial V(k;\ x,\ t)}{\partial x} + \xi\int_{-\infty}^{+\infty} V(k;\ x+y,\ t)f_Y(y)\,\mathrm{d}y + v_{k\ -\infty}D_x^{\alpha}V(k;\ x,\ t) + \sum_{l=1,\ l\neq k}^{d} q_{kl}V(l;\ x,\ t) = (r_k + q_{kk} + \xi)\,V(k;\ x,\ t). \tag{9.4}$$

其中 $1<\alpha<2$，$x\in(-\infty,\ x_{f,\ k}]$，$x_{f,\ k}$ 是状态 k 下的股票抵押合同的最佳赎回价格。

本章的研究是在第八章的基础上考虑市场机制发生转化的情况，且每两种状态之间都存在一个转变的可能性，即状态转移概率。但在每个一确定的状态中，股票抵押合同的性质始终同第八章中描述的一致，所以在每一个经济状态 k 下，股票抵押定价模型的边界条件可表述如下：

$$\lim_{x\to-\infty} V(k;\ x,\ t) = 0. \tag{9.5}$$

$$V(k;\ x_f,\ t) = e^{x_{f,\ k}} - Ke^{\gamma t}. \tag{9.6}$$

$$\frac{\partial V(k;\ x_f,\ t)}{\partial x} = S_f = e^{x_{f,\ k}}. \tag{9.7}$$

$$V(k;\ x,\ T) = \max(e^x - Ke^{\gamma T},\ 0). \tag{9.8}$$

另外，投资者在任何经济状态下都可以提前执行合同，所以在任何一个状态下股票抵押合同的价值都不会小于合同的执行价值，即

$$V(k;\ x,\ t) \geqslant \max(e^x - Ke^{\gamma T},\ 0). \tag{9.9}$$

其中 $x\in(-\infty,\ x_{f,\ k}]$ 且 $t\in[0,\ T]$。

二、坐标变换

按照前面两章的做法，我们在每个固定的经济状态下引入如下的新坐标体系以消除时间因子项 $e^{\gamma t}$

$$z = x - \gamma t U(k;\ x,\ t) = e^{-\gamma t} V(k;\ x,\ t)\ ,\ z_{f,\ k} = x_{f,\ k} - \gamma t.$$

如同第八章中的变换后，定价模型（9.4）式~（9.8）式可转变为如下形式：

$$\frac{\partial U(k;\ z,\ t)}{\partial t} + \alpha_k \frac{\partial U(k;\ z,\ t)}{\partial z} + \xi \int_{-\infty}^{+\infty} U(k;\ z+y,\ t) f_Y(y)\,\mathrm{d}y$$

$$+ v_{-\infty} D_z^{\alpha} U(k;\ z,\ t) + \sum_{l=1,\ l\neq k}^{d} q_{kl} U(l;\ x,\ t) = b_k U(k;\ z,\ t)\ . \tag{9.10}$$

$$U(k;\ z_f,\ t) = \exp(z_{f,\ k}) - K. \tag{9.11}$$

$$\frac{\partial U(k;\ x_{f,\ k},\ t)}{\partial z} = \exp\ (z_{f,\ k}). \tag{9.12}$$

$$\lim_{z\to -\infty} U(k;\ z,\ t) = 0. \tag{9.13}$$

$$U(k;\ x,\ T) = \max(e^z - K,\ 0). \tag{9.14}$$

另外，不等式（9.9）式经过变换后变为如下形式：

$$U(k;\ z,\ t) \geqslant \max\ (e^z - K,\ 0). \tag{9.15}$$

从形式上看，在每个固定的经济状态 k 上，函数 $U(k;\ z,\ t)$ 可视为以 K 为执行价格，$\exp(z_{f,\ k})$ 为最佳执行边界，$\gamma - r$ 为无风险利率的美式看涨期权的定价模型，并且目标方程是由多个积分-微分方程耦合而成的，因此我们很难求出模型的解析解。

第三节　数值方法

一、惩罚函数

由于模型（9.10）式~（9.14）式中的自由边界 $\exp(z_{f,\ k})$ 是未知的，无法直接建立数值格式，所以为了消除该自由边界，我们首先在模型的目标方程中加入一个惩罚函数项。

定义每个状态 k 下的惩罚函数为

$$\frac{\varepsilon C}{U_\epsilon(k;\ z,\ t) + \epsilon - q(z)},\quad k \in \mathbb{D}. \tag{9.16}$$

其中，$q(z) = e^z - K$。如果将上述惩罚项加入耦合方程 (9.10) 式中，那么可以得到如下定义在固定区域上的模型

$$\frac{\partial U_\epsilon(k;\ z,\ t)}{\partial t} + \alpha_k \frac{\partial U_\epsilon(k;\ z,\ t)}{\partial z} + \xi \int_{-\infty}^{+\infty} U_\epsilon(k;\ z+y,\ t) f_Y(y)\mathrm{d}y$$

$$+ \sum_{l=1,\ l\neq k}^{d} q_{kt} U_\epsilon(l;\ z,\ t) + \frac{\epsilon C}{U_\epsilon(k;\ z,\ t) + \epsilon - q(z)} = b_k U_\epsilon(k;\ z,\ t). \tag{9.17}$$

$$U_\epsilon(k,\ z_{\max},\ t) = e^{z_{\max}} - K. \tag{9.18}$$

$$\lim_{z\to+\infty} U_\epsilon(k;\ z,\ t) = 0. \tag{9.19}$$

$$U_\epsilon(k;\ z,\ T) = \max(e^z - K,\ 0). \tag{9.20}$$

其中 $e^{z_{\max}}$ 表示标的资产价格的最大值。仿照第八章中的做法，在这里我们取 $e^{z_{\max}} = 3K$。另外，为了方便表述，我们将省略函数 $U_\epsilon(k;\ z,\ T)$ 的下标 ϵ。接下来，我们将对模型（9.17）式~（9.20）式建立具有一阶精度的全隐格式，并在此基础上证明不等式（9.15）式仍然成立。

二、全隐格式

不失一般性，取 $\Delta z > 0$ 作为空间步长，且存在一个正整数 M 使得 $M\Delta z = e^{z_{\max}}$。取 $\Delta t = T/N$ 作为时间步长。于是

$$z_j = (j-1)\Delta y,\qquad t_i = (i-1)\Delta t$$

其中 $j=\cdots,\ -2,\ -1,\ 0,\ 1,\ 2,\ M+1$；$i=1,\ 2,\ \cdots,\ N+1$。且用 $U_k^{i,j}$ 表示函数 $U(k;\ z,\ t)$ 在状态 k 下、网格点 $(z_j,\ t_i)$ 上的值。另外，目标方程中的分数阶导数以及整数阶导数的离散方式同第五章中的一样，故我们不再赘述。

方程（9.17）式中的积分项，对于每个状态 k，我们用梯形公式进行离散[76]

$$\int_{-\infty}^{+\infty} U(k;\ z_j + y,\ t_i) f_Y(y)\mathrm{d}y = \sum_{t=0}^{M} \rho_{t-j}^{M} [U_k^{l,\ i} + U_k^{l+1,\ i}] + R_k^{i,\ j}$$

其中

$$\rho_j^M = \frac{1}{2}\int_{j\Delta z}^{(j+1)\Delta z} f_Y(y)\,\mathrm{d}y$$

$$= \begin{cases} \frac{1}{2}\sum_{l=1}^{m_1} \hat{p}_l\left[e^{-\hat{\theta}_l j\Delta z} - e^{-\hat{\theta}_l (j+1)\Delta z}\right], & j \geqslant 0, \\ \frac{1}{2}\sum_{l=1}^{m_2} \tilde{p}_l\left[e^{\hat{\theta}_l (j+1)\Delta z} - e^{\hat{\theta}_l j\Delta z}\right], & j \leqslant 0. \end{cases} \tag{9.21}$$

及

$$R_k^{i,j} = \int_{z_{M+1}-z_j}^{+\infty} (e^{z_j+y} - K e^{r_k t_i}) f_Y(y)\,\mathrm{d}y$$

$$= e^{z_{\max}} \sum_{t=1}^{m_1} \frac{\hat{p}_l \hat{\theta}_l}{\hat{\theta}_l - 1} e^{(1-\hat{\theta}_l)(z_{\max}-z_j)} - K e^{r_k t_i} \sum_{l=1}^{m_1} \hat{p}_l e^{-\hat{\theta}_l(z_{\max}-z_j)}$$

$$= (e^{z_{\max}} - K e^{r_k t_i}) \sum_{l=1}^{m_1} \frac{\hat{p}_l}{\hat{\theta}_l} e^{-\hat{\theta}_l(z_{\max}-z_j)}. \tag{9.22}$$

综上，可以得到关于方程（9.17）式的一阶全隐格式，

$$\frac{U_k^{i+1,j}\ U_k^{i,j}}{\Delta t} + a_k \frac{U_k^{i,j} + U_k^{i,j-1}}{\Delta z} + \frac{v}{(\Delta z)^{\alpha}} \sum_{l=o}^{\infty} g_l\, U_k^{i,j+1-l} \tag{9.23}$$

$$+ \frac{\epsilon H}{U_k^{i,j} + \epsilon - q_j} + \sum_{l=0}^{M} \rho_{l-j}^M + \sum_{l=1,\ l\neq k}^{d} q_{kl}\, U_l^{i,j} + R_k^{i,j} - b_k U_k^{i,j} = 0$$

其中，分数阶导数的离散格式与第八章中的一样。另外，模型的边界条件（9.18）式~（9.20）式的离散形式如下

$$\lim_{j\to-\infty} U_k^{i,j} = 0\ ,\ U_k^{i,M+1} = e^{z_{\max}} - K\ ,\ U_k^{N+1,j} = \max\,(e^{z_j} - K,\ 0)\ .$$

我们将在数值格式（9.23）式的基础上证明对于所有的 k，i，j，不等式（9.15）式都是成立的。在给出具体的证明过程之前，我们先给出以下的引理。

引理 9.1 式子（9.21）式和（9.22）式中的系数 ρ_j^M 和 $R_k^{i,j}$ 都是有界的，且

$$\sum_{j\to-\infty}^{M} \rho_j^M \leqslant \frac{1}{2}. \tag{9.24}$$

$$R_k^{i,j} \leqslant e^{z_{\max}} - K. \tag{9.25}$$

事实上（9.24）式已经在引理 8.1 中证明了，所有在这里我们只需对（9.25）式进行证明。

证明 由于 $\hat{p}_i \geqslant 0$，$\hat{\theta}_i > 1$ 并且 $\exp(y_{\max}) = 3K$ 或者 $4K$，那么在每个既定的经济状态下，即当 k 固定时

$$
\begin{aligned}
R_k^{i,j} &= (e^{z_{\max}} - K e^{r_k t_i}) \sum_{l=1}^{m_1} \frac{\hat{p}_l}{\hat{\theta}_l} e^{-\hat{\theta}_l (z_{\max} - z_j)} \\
&\leqslant (e^{z_{\max}} - K e^{r_k t_i}) \sum_{l=1}^{m_1} \hat{p}_l \\
&\leqslant e^{z_{\max}} - K.
\end{aligned}
$$

接下来，我们将以定理的形式给出（9.15）式。

定理 9.1 如果数值格式（9.23）式的时间步长满足

$$\Delta t = \frac{1}{q_{kk} - b_k - 2\sum_{l=0}^{M} \rho_{l-j}^M},$$

且

$$C \geqslant |b_k| e^{z_{\max}} + |a_k| e^{z_{\max}} \frac{e^{z_{\max}} - 1}{z_{\max}} + 4(e^{z_{\max}} - K) + v \frac{(e^{z_{\max}} - 1)^{\alpha}}{(z_{\max})^{\alpha}}$$

那么由数值格式（9.23）式计算得到的股票抵押合同价值 $\{U_k^{i,j}\}$ 满足下列式子

$$U_k^{i,j} \geqslant \max(q_j, 0), \tag{9.26}$$

其中，$j = -\infty, \cdots, -1, 0, 1, \cdots M+1$；$i = N+1, N, \cdots, 1$ 以及 $k \in \mathbb{D}$。

证明 我们首先证明 $U_k^{i,j} \geqslant q_j$。令

$$u_k^{i,j} = U_k^{i,j} - q_j,$$

由边界条件可知 $u_k^{N+1,j} = U_k^{N+1,j} - q_j \geqslant 0$。$u_k^{i,j}$ 带入格式（9.23）式可得

$$
\begin{aligned}
\left(1 + \Delta t\, b_k - \frac{a_k \Delta t}{\Delta z}\right) u_k^{i,j} &= u_k^{i+1,j} + \frac{v\Delta t}{(\Delta z)^{\alpha}} \sum_{l}^{\infty} g_l u_k^{i,j-l+1} + \frac{\epsilon \Delta t C}{u_k^{i,j} + \epsilon - q_j} \\
&- \frac{a\Delta t}{\Delta z} u_k^{i,j-1} + \sum_{l=0}^{M} \rho_{l-j}^M (u_k^{i,l} + u_k^{i,l+1}) \Delta t + \Delta t \sum_{l=1}^{M} q_{kl} u_k^{i,j} - \Delta t E(j,k).
\end{aligned}
\tag{9.27}
$$

其中

$$
\begin{aligned}
E(j,k) &= b_k q_j - \frac{a_k}{\Delta z}(q_{j-1} - q_j) - \frac{v}{(\Delta z)^{\alpha}} \sum_{l=0}^{\infty} q_t q_{j-l+1} \\
&- \sum_{l=0}^{M} \rho_{l-j}^M [\rho_l + \rho_{l+1}] - \sum_{l=1}^{M} q_{kl} q_j - R_k^{i,j}
\end{aligned}
$$

$$= b_k e^{z_j} - \frac{a_k}{\Delta z}(e^{z_{j-1}} - e^{z_j}) - \frac{v}{(\Delta z)^{\alpha}} \sum_{l=0}^{\infty} g_l (e^{z_{j-l+1}} - K)$$

$$- \sum_{l=0}^{M} \rho_{l-j}^{M} [e^{z_l} + e^{z_{l+1}} - 2K] - q_{kl} q_j - R_k^{i,j}$$

因为 $\left|\frac{e^{\Delta z} - 1}{\Delta z}\right| \leqslant \frac{e^{z_{\max}} - 1}{z_{\max}} \leqslant 1$ 且 $\sum_{k=0}^{\infty} g_k = 0$，所以由（9.23）式可得

$$| E(j, k) | \leqslant | b_k e^{z_j} | + \left| \frac{v}{(\Delta z)^{\alpha}} \sum_{k=0}^{\infty} g_k (e^{j-k+1}) - K \right| + \left| \frac{a}{\Delta z}(e^{z_{j-1}} - e^{z_j}) \right|$$

$$+ \left| \sum_{l=0}^{M} \rho_{l-j}^{M} [e^{z_l} + e^{z_{l+1}} - 2K] \right| + | R_{j,k}^{i} | + | e^{z_j} - K | q_{kk}$$

$$\leqslant |b_k| e^{z_{\max}} + |a_k| e^{z_{\max}} \frac{e^{z_{\max}} - 1}{z_{\max}} + R_k^{i,j} + 3(e^{z_{\max}} - K)$$

$$+ \left| \frac{v}{(\Delta z)^{\alpha}} \sum_{k=0}^{\infty} g_k e^{j-k+1} \right|.$$

另外，当 $|z| \leqslant 1$，$(1 - z)^{\alpha} = \sum_{k=0}^{\infty} g_k z^{-k}$，同时 $\sum_{k=0}^{\infty} g_k e^{z_{j-k+1}} = e^{y_{j+1}} \sum_{k=0}^{\infty} g_k e^{-k\Delta z}$，于是

$$\left| \frac{v}{(\Delta z)^{\alpha}} \sum_{k=0}^{\infty} g_k e^{-k\Delta z} \right| = \left| v \frac{(1 - e^{-\Delta z})^{\alpha}}{(\Delta z)^{\alpha}} \right| \leqslant v \frac{(e^{z_{\max}} - 1)^{\alpha}}{(z_{\max})^{\alpha}}.$$

综上可得，

$$| E(j, k) | \leqslant |b_k| e^{z_{\max}} + |a_k| e^{z_{\max}} \frac{e^{z_{\max}} - 1}{z_{\max}} + 4(e^{z_{\max}} - K) + v \frac{(e^{z_{\max}} - 1)^{\alpha}}{(z_{\max})^{\alpha}}$$

定义函数

$$u^i = \min_{j,k} \{u_k^{i,j}\},$$

且令 (k_0, j_0) 是使得 $u^i = u_{k_0}^{i,j_0}$ 成立的角标。因此，由

$$\left(1 + \Delta t\, b_k - \frac{a_k \Delta t}{\Delta z}\right) u^i \geqslant u_{k_0}^{i+1, j_0} + \frac{v\Delta t}{(\Delta z)^{\alpha}} \sum_{k=0}^{\infty} g_l u^i + \frac{\epsilon \Delta t C}{u^i + \epsilon}$$

$$- \frac{a_k \Delta t}{\Delta z} u^i + \sum_{l=0}^{M} \rho_{l-j}^{M} (u^i + u^i) \Delta t + \Delta t \sum_{l=1}^{M} q_{kl} u^i - \Delta t E(j_0, k_0).$$

化简后可得

$$\left[1 - \left(q_{kk} - b_k - 2\sum_{l=0}^{M} \rho_{l-j_0}^{M}\right) \Delta t\right] u^i - \frac{\epsilon \Delta t C}{u^i + \epsilon} + \Delta t E(j_0, k_0) \geqslant u_{k_0}^{i+1, j_0} \geqslant u^{i+1}$$

另外，由于

$$\Delta t \leqslant \frac{1}{\left| q_{kk} - b_k - 2\sum_{l=0}^{M} \rho_{l-j_0}^{M} \right|}$$

因此，

$$1 - \left(q_{kk} - b_k - 2\sum_{l=0}^{M} \rho_{l-j_0}^{M} \right) \Delta t \geqslant 0.$$

为方便表述，令

$$A = \left[1 - \left(\gamma - r_k - \xi - 2\sum_{l=0}^{M} \rho_{l-j_0}^{M} \right) \Delta t \right].$$

且定义函数

$$f(x) = Ax - \frac{\epsilon \Delta t C}{x + \varepsilon} + \Delta t E(j,\ k),$$

因此，如果假设 $u^{i+1} \geqslant 0$，那么

$$f(u^i) \geqslant 0.$$

又

$$f(0) = \Delta t(E(j) - C) \leqslant 0,$$

那么

$$f'(x) = A + \frac{\epsilon \Delta t C}{(x + \varepsilon)^2} > 0.$$

因为 $u_k^{N+1,\ j} = U_k^{N+1,\ j} - q_j \geqslant 0$，于是 $u^i \geqslant 0$。自然地 $u^i \geqslant 0$，所以对于所有的角标 k，j，i，都有

$$U_k^{i,\ j} \geqslant q_j.$$

接下来，我们证明对于所有角标 k，j，i，$U_k^{i,\ j} \geqslant 0$。

$$U^i = \min_{j,\ k} U_k^{i,\ j},$$

且令 $(k_0,\ j_0)$ 是使得 $U^i = U_{k_0}^{i,\ j_0}$ 成立的角标。那么由数值格式（9.23）式可得

$$\left(1 + b_k \Delta t - \frac{a_k \Delta t}{\Delta z} \right) U^i \geqslant U_{k_0}^{i+1,\ j_0} + \frac{\epsilon \Delta t}{(\Delta z)^{\alpha}} \sum_{l}^{\infty} g_l U^i + \frac{\epsilon \Delta t C}{U^i + \epsilon - q_i}$$
$$- \frac{a_k \Delta t}{\Delta z} U^i + \sum_{l=0}^{M} \rho_{l-j_0}^{M} (U^i + U^i) \Delta t + \Delta t \sum_{l=1}^{M} q_{kl} U^i + R_k^{i,\ j}.$$

化简整理后可得

$$\left[1 - \left(q_{kk} - b_k - 2\sum_{l=0}^{M} \rho_{l-j}^{M} \right) \Delta t \right] U^i - \frac{\epsilon \Delta t C}{U^i + \epsilon - q_{j_0}} \geqslant U_{k_0}^{i+1,\ j_0} \geqslant U^{i+1}.$$

前面我们已经证明了 $U_k^{i,j} \geqslant q_j$，并且 $R_k^{i,j} \geqslant 0$，从而有

$$\left[1 - \left(q_{kk} - b_k - 2\sum_{l=0}^{M} \rho_{l-j}^{M}\right)\Delta t\right] U^i \geqslant U^{i+1}.$$

事实上，上面不等式左边中括号里的表达式是大于 0 的，于是

$$U^i \geqslant U^{i+1}.$$

另外，由于 $U_k^{N+1,j} = \max(e^{z_j} - K, 0)$，于是 $U^{N+1} \geqslant 0$。因此，对于所有的 k，j，i，有

$$U_k^{i,j} \geqslant 0.$$

至此，我们完成了定理 9.1 的证明。

第四节　非线性系统的数值方法

事实上，在上一节中所建立的数值格式（9.23）式是一个耦合的非线性方程组，无法直接求得该方程的解，因此，我们运用牛顿迭代方法来求解该方程。另外，（9.23）式的定义域是一个无穷区域 $\{[-\infty, z_{\max}] \times [0, T]\}$，那么为了能在计算机上执行算法，需要把该区域截断成一个有限的区域，

$$\{[z_{\min}, z_{\max}] \times [0, T]\}.$$

在这里我们取 $z_{\min} = \ln(0.001)$，于是左边界条件变为 $U(k, z_{\min}, t) = 0$。我们重新定义空间步长 $\Delta z = (z_{\max} - z_{\min})/M$，且

$$z_j = z_{\min} + (j-1)\Delta z, \quad j = 1, 2, \cdots, M+1.$$

令

$$\eta_k = \frac{a_k \Delta t}{\Delta z}, \quad \beta_k = 1 - \frac{a_k \Delta t}{\Delta z} + \Delta t\, b_k, \quad \lambda_k = -\frac{\Delta t\, v_k}{(\Delta z)^{\alpha}},$$

$$W_j^M = \rho_j^M + \rho_{j+1}^M, \quad j = 0\ \pm 1, \ \pm 2, \ \cdots, \ \pm(M-1),$$

那么数值格式（9.23）式的矩阵形式表述为

$$(\beta_k \mathfrak{T} + B_k + A_k - \Delta t W)\, U_k^i - F(U_k^i) \tag{9.28}$$

$$-\Delta t \sum_{l=1,\ l\neq k}^{d} q_{lk}\, U_k^i = U_k^{i+1} - E_k^i - \Delta t\, R_k^i, \quad k = 1, 2, \cdots, d$$

其中

$$F(U_k^i) = [f(U_k^{i,2}), f(U_k^{i,3}), \cdots, f(U_k^{i,M})]^{\tau}, \quad f(U_k^{i,j}) = \frac{\Delta t \epsilon C}{U_k^{i,j} + \epsilon - q_j}$$

$$U_k^i = (U_k^{i,2}, U_k^{i,3}, \cdots, U_k^{i,M})^{\tau},$$

矩阵 $\mathfrak{T}$ 是一个 $M-1$ 阶的单位矩阵，

$$W=\begin{bmatrix} W_0^M & W_1^M & \cdots & W_{M-2}^M & W_{M-1}^M \\ W_{-1}^M & W_0^M & \cdots & W_{M-3}^M & W_{M-2}^M \\ W_{-2}^M & W_{-1}^M & \cdots & W_{M-4}^M & W_{M-3}^M \\ \vdots & \ddots & \ddots & \vdots & \vdots \\ W_{2-M}^M & W_{3-M}^M & \cdots & W_0^M & W_1^M \\ W_{1-M}^M & W_{2-M}^M & \cdots & W_{-1}^M & W_0^M \end{bmatrix}$$

$$B_k=\eta_k\begin{bmatrix} 0 & \cdots & 0 & 0 \\ 1 & \cdots & 0 & 0 \\ \vdots & \vdots & \vdots & \vdots \\ 0 & \cdots & 0 & 0 \\ 0 & \cdots & 1 & 0 \end{bmatrix}_{M-1\times M-1},\ A_k=\lambda_k\begin{bmatrix} g_1 & g_0 & \cdots & 0 \\ g_2 & g_1 & \cdots & 0 \\ g_3 & g_2 & \cdots & 0 \\ \vdots & \cdots & \ddots & \vdots \\ g_{M-1} & g_{M-1} & \cdots & g_1 \end{bmatrix},$$

$$R_k^i=(R_k^{i,\,2},\ R_k^{i,\,3},\ \cdots,\ R_k^{i,\,M})^{\tau},\ E_k^i=(0,\ 0,\ \cdots,\ \varrho_k)_{M-1}^{\tau}$$

且

$$\varrho_k=\left(-\eta_2 g_0-\Delta t\sum_{l=0}^{M-1}\rho_l-\Delta t\, q_{kk}\right)U_k^{i,\,M+1}.$$

注意到（9.28）式中的耦合项增加了求解的难度，在文献［76］中，作者是利用状态之间的数值进行迭代的，这个方法虽然也能得到最终的结果，但会增加误差。因此，本章提出了一个既不增加误差又能得到最终结果的方法技巧，其过程如下：令

$$U^i=[U_1^i,\ U_2^i,\ \cdots U_d^i]^T,\ E^i=(E_1^i,\ E_2^i,\ \cdots,\ E_d^i)^T,$$

$$R^i=(R_1^i,\ R_2^i,\ \cdots,\ R_d^i)^T$$

$$F(U^i)=(F(U_1^i),\ F(U_2^i),\ \cdots,\ F(U_d^i))^{\tau},$$

$$A=\begin{bmatrix} M_1 & \Delta tq_{12}\mathfrak{T} & \cdots & \Delta tq_{1d}\mathfrak{T} \\ \Delta tq_{21}\mathfrak{T} & M_2 & \cdots & \Delta tq_{2d}\mathfrak{T} \\ \Delta tq_{31}\mathfrak{T} & g_2 & \cdots & \Delta tq_{3d}\mathfrak{T} \\ \vdots & \cdots & \ddots & \vdots \\ \Delta tq_{d1}\mathfrak{T} & \Delta tq_{d2}\mathfrak{T} & \cdots & M_d \end{bmatrix},$$

且

$$M_k = \beta_k \mathfrak{T} + B_k + A_k - \Delta t W, \ k = 1, 2, \cdots, d.$$

于是（9.28）式可以表示为如下形式

$$A U^i - F(U^i) = U^{i+1} - E^i - \Delta t R^i. \tag{9.29}$$

虽然相对于（9.28）式来说，方程（8.29）式的计算维度增加了 d，但我们保证了最终结果的精确度。

因为在 (9.29) 式中 $F(U^i)$ 关于向量 U^i 是非线性的，所以我们用牛顿迭代对之进行求解。于是

$$[A - J_F(\omega^{l-1})] \delta \omega^l = U^{i+1} - E^i - \Delta t R^i + A \omega^{l-1}. \tag{9.30}$$

$$\omega^l = \omega^{l-1} + \kappa(\omega^l - \omega^{l-1}),$$

其中，$l = 1, 2, \cdots$ 且 $\kappa \in (0, 1)$。$J_F(\omega^{l-1})$ 是向量 ω^{l-1} 的雅克比行列式。如果 $\|\omega^l - \omega^{l-1}\|_\infty \leqslant \theta$，那么 $U^i = \omega^l$，这里 θ 是一个充分小的量。在本书的算例中，我们取 $\kappa = 0.2$，$\theta = 10^{-4}$，$\varepsilon = 10^{-5}$。

第五节　数值结果

一、数值算法检验

在本节内，我们将用数值算例来支撑本章的理论结果，然后再根据相应的数值结果来分析模型中的参数对股票抵押合同最佳赎回价格的影响。

在接下来的数值模拟中，我们取经济状态的个数 $d = 2$。另外，在无其他特殊说明的情况下，我们模型中的参数为 $r_1 = 0.05$，$r_2 = 0.04$，$\sigma_1 = 0.2$，$\sigma_2 = 0.24$，$\gamma = 0.06$，$\zeta = 0.01$，$\hat{p} = 0.02$，$\hat{\theta} = 0.02$，$T = 2$，$K = 20$。

首先，我们将检验定理 9.1 的结论。在图 9-1 中，我们呈现了两个状态下的 $U_k^{i,j} - \max(q_j, 0)$ 的曲面。图 9-1 中的曲面完全位于 xoy 平面的上方，由此说明我们定理 9.1 的结论是正确的。其次，在图 9-2 中，我们分别以时间和股票价格作为横坐标和纵坐标来呈现 $U(1; z, t)$ 和 $U(2; z, t)$ 的曲面图。由图 9-2 中的曲面可知，本章所建立的数值算法不仅有效而且稳定。

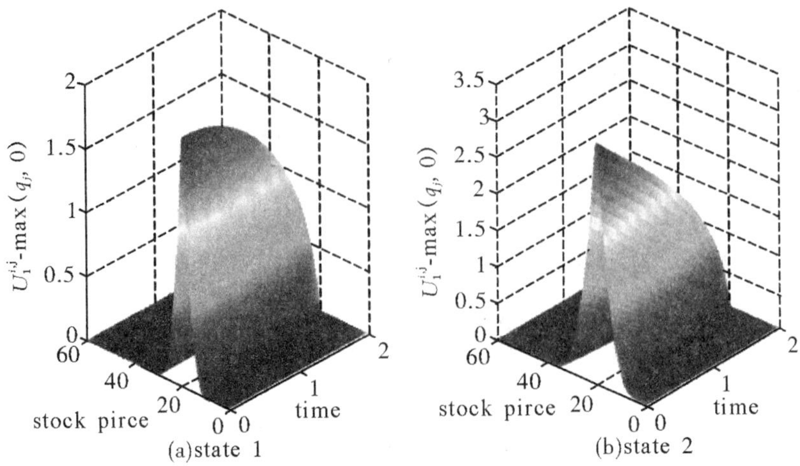

图 9-1　$U_k^{i,j}-max(q_j,\ 0)$

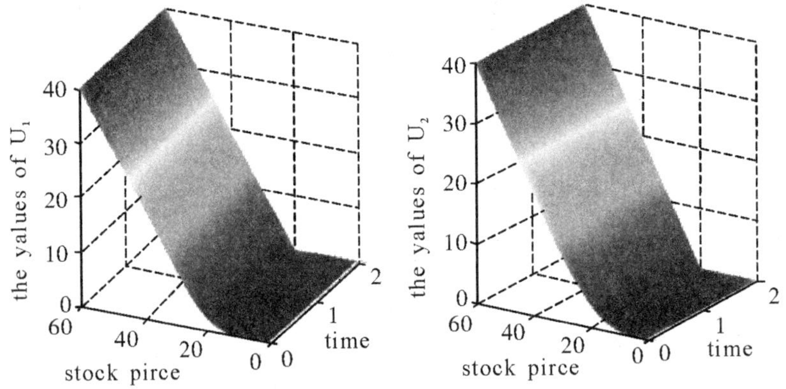

图 9-2　函数 $U(k;\ z,\ t)$ 曲面

正如前文所描述，在每个固定的经济状态 k 上，函数 $U(k;\ z,\ t)$ 可视为以 k 为执行价格，$\exp(z_{f,\ k})$ 为最佳执行边界，$\gamma-r$ 为无风险利率的美式看涨期权的价值，由此可知函数 $U(k;\ z,\ 0)$ 关于股票价格是单调递增的，如图 9-3 所示；函数 $\exp(z_{f,\ k})$ 关于合同的到期时间是单调递增的，如图 9-4所示。从这两幅图中的曲线可知，本章所建立的模型以及所做的变换处理都是有效的，另外这也说明了本章的理论是正确的。

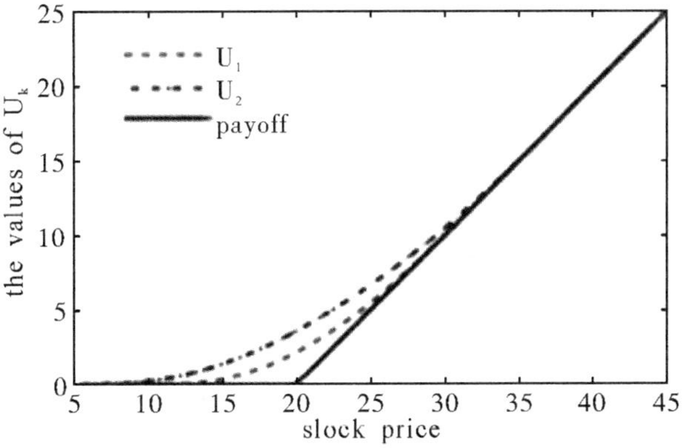

图 9-3　函数 $U(k; z, 0)$ 的图像

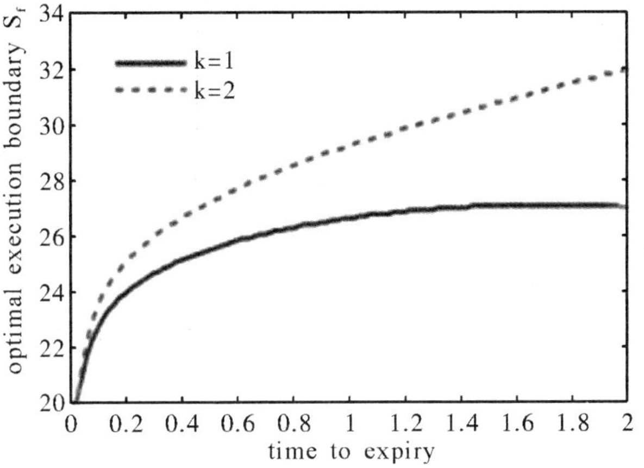

图 9-4　最佳执行价格

接下来，为了体现本章所提出来处理耦合方程（9.28）式的技巧高效性，我们以文献［76］中的迭代算法作为比较对象，在相同的参数团精度下比较两种方法的计算效率，结果如表 9-1 所示。其中 CPU-$time_1$和 CPU-$time_2$分别表示文献［76］中的算法和本章所提出来算法的计算时间，单位为秒，时间层的数量$N=50$。由表 9-1 中的结果可知，本章所提出的方法的效率更高，尤其是当经济状态变量 k 越大的时候，本章方法的优势就越明显。

表 9-1　算法效率对比结果

	M	CPU-time$_1$	CPU-time$_2$
$k=2$	128	1.201 0	1.229 9
	256	3.967 2	3.510 0
	512	18.560 1	15.690
	1 024	87.956 4	61.998 4
$k=3$	128	8.231 6	1.924 6
	256	39.910 9	4.298 1
	512	205.120 1	19.488 7
	1 024	513.890 6	81.371 8
$k=4$	128	15.780 1	9.487 1
	256	79.310 2	15.711 0
	512	429.364 8	35.931 4
	1 024	1 012.324 3	121.612 7

二、参数影响分析

接下来，我们将对股票抵押合同最佳赎回几个关于模型中重要参数的敏感性分析。因为在每一个确定的状态下，本章的模型同第八章中的没有差别，所以在这里我们只讨论由于市场机制的存在所产生的变换。

在图 9-5 中，我们在不同参数下呈现了四条抵押合同最佳赎回价格曲线，图中带有 $Q=0$ 的标识的曲线表明是在不考虑机制转移情况下所得到的曲线。图 9-5 中的曲线表明，无论是利率为 0.04 还是 0.05，考虑机制转移所得到的赎回价格都要高于不考虑机制转移所得的赎回价格，这个现象说明市场机制的引入相当于增加了市场的不确定性，那么对于面对更大风险的投资者来说，会选择一个更高的价格来执行合同。然而，到合同临近到期日时，市场的不确定性就会逐渐消失，此时的投资者都会以 $Ke^{\gamma t}$ 的价格水平执行合同。

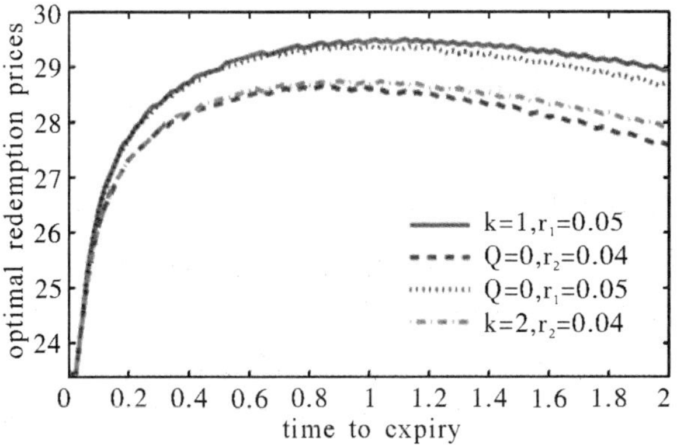

图 9-5　最佳赎回价格曲线

如图 9-6 所示，在相同的参数 σ 下，考虑市场发生机制转移下的股票抵押合同最佳执行价格曲线都要高于未考虑机制转移下的曲线（$Q=0$）。以 $\sigma=0.22$ 为例，当不考虑机制转移时投资者所面临的风险是既定的，当考虑机制转移时，投资者不仅要面对既定的风险，而且还要面对由于市场发生变化所带来的额外风险，因此，在这种情况下投资者面对的风险更大。另外，由于股票抵押合同类似于美式看涨期权，那么抵押合同的最佳赎回价格也应该同美式期权的最佳执行价格具有相类似的性质，即关于风险都是单调递增的。

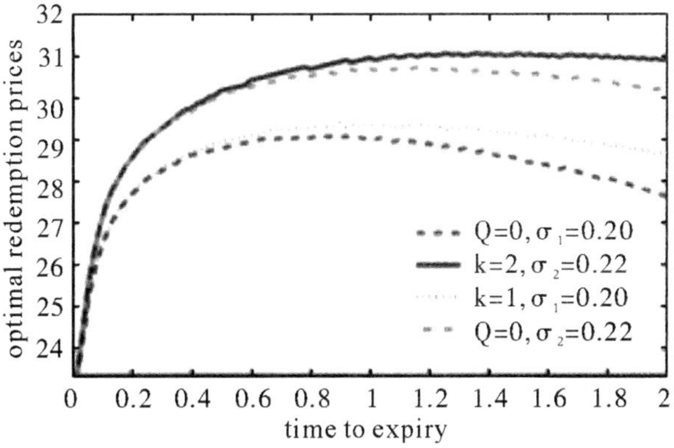

图 9-6　最佳赎回价格曲线

第六节　本章小结

在第七章的基础上，本章将市场发生状态变化的可能性引入了模型，此时的模型不再是一个具有偏微分积分方程自由边界问题，而是一个目标方程由 d 个偏微分积分方程耦合方程的自由边界问题，模型的维度增加了 d 倍。尽管如此，我们依然基于惩罚函数的基础上为模型建立相应的求解算法，并基于此算法证明了无论在哪个状态下，提前执行合同的价值都不会低于抵押持有价值。在最终的数值方程中，我们巧妙地避开了耦合项，提高了计算效率。在本章最后，我们用数值算例对模型、算法以及结果进行了验证，并结合数值结果解释了机制转移的存在如何增加投资人所面对的风险。

本章的研究不仅扩宽了金融衍生产品定价的理论范畴，还进一步扩展了基于惩罚函数的有效差分方法在求自由边界问题中的运用，具有一定的理论价值。另外，本书在处理方程组的耦合项所提出来的技巧也具备一定的理论价值，同时也是本章的一个创新点。

参考文献

[1] BACHELIER L. Theorie de la speculation [J]. Annales Scientifiques De LEcole Normal Superieure, 1900 (3): 21-86.

[2] SAMUELSON P. Proof that properly anticipated prices fluctuate randomly [J]. Industrial Management Review, 1965 (4): 41-50.

[3] BLACK F, SCHLOES M. The pricing of options and corporate liabilities [J]. Journal of Political Economy, 1973, 81 (3): 637-654.

[4] MERTON R. Theory of rational option pricing [J]. Bell Journal of Economics, 1973 (4): 141-183.

[5] BEBEN M, OHOWSKI A. Correlations in financial time series: established versus emerging markets [J]. Eur Phys J B, 2001 (20): 527-530.

[6] EVERTSZ C J G. Fractal geometry of financial time series [J]. Fractals, 1995 (3): 609-616.

[7] FAMA E F. The behavior of stock-market prices [J]. Journal of Business, 1965, 38 (1): 34-105.

[8] HUANG B, YANG C W. The fractal structure in multinational stock returns [J]. Appl. Econ. Lett, 1995 (2): 67-71.

[9] MANDELBROT B B. The variation of certain speculative prices [M]. New York: Springer New York, 1997.

[10] PETERS E. Fractal Market Analysis [M]. New York: Wiley, 1994.

[11] CARR P, HELYETTE G, MARC Y, et al. The fine structure of asset returns: an empirical investigation [J]. Journal of Business, 2002, 75 (2): 305-332.

[12] MEERSCHAERT M M, TADJERAN C. Finite difference approximations for fractional advection-dispersion flow equations [J]. Journal of Computa-

tional and Applied Mathematics, 2004, 172 (1): 65-77.

[13] CARTEA A, DEL-CASTILLO-NEGRETE D. Fractional diffusion models of option prices in markets with jumps [J]. Physica A: Statistical Mechanics and its Applications, 2007, 374 (2): 749-763.

[14] OOSTERLEE C W. On multigrid for linear complementarity problems with application to American-style options [J]. Electronic Transactions on Numerical Analysis, 2003, 15 (1): 165-185.

[15] WILMOTT P, DEWYNNE J, HOWISON S. Option pricing [M]. Oxford: Oxford Financial Pres, 1993.

[16] VANDERVORST H A. A fast and smoothly converging variant of Bi-CG for the solution of nonsymmetric linear systems SIAM J. Sci [J]. Stat. Comput, 1992 (13): 631-644.

[17] CHEN S, LIU F, JIANG X. A fast semi-implicit difference method for a nonlinear two-sided space-fractional diffusion equation with variable diffusivity coefficients [J]. Applied Mathematics and Computation, 2015 (257): 591-601.

[18] ZHANG H, LIU F, TURNER I. The numerical simulation of the tempered fractional Black-Scholes equation for European double barrier option [J]. Applied Mathematical Modelling, 2016, 40 (11): 5819-5834.

[19] ZHANG H, LIU F, TURNER I, et al. Numerical simulation of a Finite Moment Log Stable model for a European call option [J]. Numerical Algorithms, 2017, 75 (3): 1-17.

[20] ZHANG H, LIU F, CHEN S, et al. A Fast and high accuracy numerical simulation for a fractional black-scholes model on two assets [J]. Annals of Applied Mathematics, 2020, 36 (1): 91-110.

[21] CHEN W T, XU X, ZHU S P. Analytically pricing European-style options under the modified Black-Scholes equation with a spatial-fractional derivative [J]. Quarterly of Applied Mathematics, 2014, 72 (3): 597-611.

[22] CHEN W T, XU X, ZHU S P. A predictor-corrector approach for pricing American options under the finite moment log-stable model [J]. Applied Numerical Mathematics, 2015 (97): 15-29.

[23] ZHU S P, ZHANG J. A new predictor-corrector scheme for valuing

American puts [J]. Applied Mathematics and Computation, 2011, 217 (9): 4439-4452.

[24] ZHU S P, CHEN W T. A predictor-corrector scheme based on the ADI method for pricing American puts with stochastic volatility [J]. Computers & Mathematics with Applications, 2011, 62 (1): 1-26.

[25] XIA J, ZHOU X Y. Stock loans [J]. Mathematical Finance, 2007, 17 (2): 307-317.

[26] DAI M, XU Z Q. Optimal redeeming strategy of stock loans with finite maturity [J]. Mathematical Finance, 2011, 21 (4): 775-793.

[27] GRASSELLI M R, GóMEZ C. Stock loans in incomplete markets [J]. Mathematical Finance, 2013, 20 (2): 118-136.

[28] LIANG Z, WU W, JIANG S. Stock loan with automatic termination clause, cap and margin [J]. Computers & Mathematics with Applications, 2010, 60 (12): 3160-3176.

[29] LU X, PUTRI E R M. Finite maturity margin call stock loans [J]. Operations Research Letters, 2016, 44 (1): 12-18.

[30] ZHU S P, ZHANG J. Using Laplace transform to price American puts [J]. Dynamics of Continuous, Discrete and Impulsive Systems-B: Applications and Algorithms 2012, 19 (4): 447-469.

[31] 周威. 具有障碍和随机利率的股票抵押定价 [D]. 成都: 西南财经大学, 2016.

[32] CHEN W T, XU L B, ZHU S P. Stock loan valuation under a stochastic interest rate model [J]. Computers & Mathematics with Applications, 2015, 70 (8): 1757-1771.

[33] CAI N, SUN L. Valuation of stock loans with jump risk [J]. Journal of Economic Dynamics and Control, 2014 (40): 213-241.

[34] CAI N, KOU S G. Option pricing under a mixed-exponential jump diffusion model [J]. Management Science, 2011, 57 (11): 2067-2081.

[35] WONG T W, WONG H Y. Stochastic volatility asymptotics of stock loans: Valuation and optimal stopping [J]. Journal of Mathematical Analysis and Applications, 2012, 394 (1): 337-346.

[36] ZHANG Q, ZHOU X Y. Valuation of stock loans with regime switching

[J]. SIAM Journal on Control and Optimization, 2009, 48 (3): 1229-1250.

[37] WONG T W, WONG H Y. Valuation of stock loans using exponential phase - type Lévy models [D]. Hong Kong: Chinese University of Hong Kong, 2011.

[38] LIANG Z, WU W. Variational inequalities in stock loan models [J]. Optimization and Engineering, 2012, 13 (3): 459-470.

[39] PASCUCCI A, SUáREZ-TABOADA M, VAZQUEZ C. Mathematical analysis and numerical methods for a PDE model of a stock loan pricing problem [J]. Journal of Mathematical Analysis and Applications, 2013, 403 (1): 38-53.

[40] CAI N, KOU S G. Option pricing under a mixed-exponential jump diffusion model [J]. Management Science, 2011, 57 (11): 2067-2081.

[41] DOTHAN L U. On the term structure of interest rates [J]. Journal of Financial Economics, 1978, 6 (1): 59-69.

[42] HULL J C. Options, futures, and other derivatives [M]. New Jersey: Pearson Education India, 2006.

[43] SAMORODNITSKY G, TAQQU M S. Stable non-Gaussian random processes: stochastic models with infinite variance [M]. Boca Raton: CRC press, 1994.

[44] NOLAN J P. Numerical calculation of stable densities and distribution functions[J].Communications in statistics. Stochastic models, 1997,13(4):759-774.

[45] HWANG V, STEPHENSON B, BARKLEY S, et al. Designing angle-independent structural colors using Monte Carlo simulations of multiple scattering [J]. Proceedings of the National Academy of Sciences, 2021 (6): 118.

[46] CHAMBERS J M, MALLOWS C L, STUCK B W. A method for simulating stable random variables [J]. JASA, 1976, 71 (354): 340-344.

[47] WERON A, WERON R. Computer simulation of Lévy α-stable variables and processes [M] //Chaos—The Interplay Between Stochasticand deterministic behaviour. Berlin Heidelberg: Springer, 1995: 379-392.

[48] CARR P, GEMAN H, MADAN D B. The fine structure of asset returns: an empirical investigation [J]. The Journal of Business, 2002, 75 (2): 305-332.

[49] CARR P, MADAN D. Option valuation using the fast Fourier transform [J]. Journal of computational finance, 1999, 2 (4): 61-73.

[50] LEWIS A L. A simple option formula for general jump-diffusion and other exponential Lévy processes. Working Paper, 2001.

[51] ERVIN V J, ROOP J P. Variational formulation for the stationary fractional advection dispersion equation [J]. Numerical Methods for Partial Differential Equations, 2006, 22 (3): 558-576.

[52] 孙志忠，高广花. 分数阶微分方程的有限差分方法 [M]. 北京：科学出版社，2015.

[53] 刘发旺，庄平辉，刘青霞. 分数阶偏微分方程数值方法及其应用 [M]. 北京：科学出版社，2015.

[54] QUARTERONI A, VALLI A. Numerial approximation of partial differential equations [M]. Berlin: Springer, 1997.

[55] KATZNELSON Y. An introduction to harmonic analysis [M]. Cambridge: Cambridge University Press, 2004.

[56] SCHWEIZER M. Variance-optimal hedging in discrete time [J]. Mathematics of Operations Research, 1995, 20 (1): 1-32.

[57] LIANG C X, LI S H. Option pricing and hedging in incomplete market driven by normal tempered stable process with stochastic volatility [J]. Journal of Mathematical Analysis and Applications, 2015, 423 (1): 701-719.

[58] LIANG C X, LI S H. Pricing and hedging European-style options in Levy-based stochastic volatility models considering the leverage effect [J]. Journal of Mathematical Analysis and Applications, 2016, 438 (2): 1010-1029.

[59] TANKOV P. Paris-Princeton Lectures on Mathematical Finance 2010 [M]. Berlin: Springer, 2011: 319-359.

[60] LORD R, FANG F, BERVOETS F. A fast and accurate FFT-based method for pricing early-exercise options under Lévy processes [J]. SIAM Journal on Scientific Computing, 2008, 30 (4): 1678-1705.

[61] HIGHAM D J, HIGHAM N J. MATLAB guide [D]. Philadelphia: SIAM, 2000.

[62] BAKSHI G, CAO C, CHEN Z. Empirical performance of alternative option pricing models [J]. The Journal of finance, 1997, 52 (5): 2003-2049.

[63] TIAN W Y, ZHOU H, DENG W. A class of second order difference approximations for solving space fractional diffusion equations [J]. Mathematics

of Computation, 2015, 84 (294): 1703-1727.

[64] NIELSEN B F, SKAVHAUG O A. Penalty and front-fixing methods for the numerical solution of American option problems [J]. Journal of Computational Finance, 2002, 5 (4): 69-98.

[65] 魏安华，吴茜茜，朱祚金. 用稳定双共轭梯度方法数值求解球坐标系下的 Poisson 方程 [J]. 中国科学技术大学学报, 2017, 47 (8): 695-698.

[66] HAO Z, SUN Z, CAO W. A fourth-order approximation of fractional derivatives with its applications [J]. Journal of Computational Physics, 2015, 281: 787-805.

[67] MARK M, TADJERAN C. Finite difference approximations for fractional advection-dispersion flflow equations [J]. Comput, 2004 (172): 65-77.

[68] QUARTERONI A, SACCO R, SALERI F. Numerical mathematics [M]. Berlin: Springer, 2007.

[69] LI C, DENG W. High order schemes for the tempered fractional diffusion equations [J]. Advances in Computational Mathematics, 2016: (23): 1-30.

[70] GAO B, HUANG J, SUBRAHMANYAM M. The valuation of American barrier options using the decomposition technique [J]. Journal of Economic Dynamics and Control, 2000, 24 (11): 1783-1827.

[71] LONGSTAFF F A, SCHWARTZ E S. Valuing American options by simulation: a simple least-squares approach [J]. Review of Financial studies, 2001, 14 (1): 113-147.

[72] ZVAN R, VETZAL K R, FORSYTH P A. PDE methods for pricing barrier options [J]. Journal of Economic Dynamics and Control, 2000, 24 (11):1563-1590.

[73] ANH P, BABIARZ A, CZORNIK A, et al. Some results on linear nabla Riemann - Liouville fractional difference equations [J]. Mathematical Methods in the Applied Sciences, 2020, 43 (13): 7815-7824.

[74] ZHANG L H, ZHANG W G, XU W J, et al. A Modified Least-Squares Simulation Approach to Value American Barrier Options [J]. Computational Economics, 2014, 44 (4): 213-224.

[75] CARR P, WU L. The finite moment log stable process and option pricing [J]. The journal of finance, 2003, 58 (2): 753-778.

[76] ZHOU Z Q, MA J T, GUO X M. Convergence of iterative laplace transform methods for a system of fractional PDEs and PIDEs arising in option pricing [J]. East Asian Journal On Applied Mathematics, 2018, 8 (4), 782-808.

[77] WILMOTT P, DEWYNNE J, HOWISON S. Option pricing [M]. Oxford: Oxford Financial Press, 1993.